Rita Schwark / Ute Laue

Legasthenie

Rita Schwark / Ute Laue

So fördere ich mein Kind

Legasthenie

Ein 15-Minuten-Programm für jeden Tag

Empfohlen vom  STUDIENKREIS®

Lernen mit System

Ravensburger Ratgeber im Urania Verlag

Weitere Titel zum Thema bei Urania:
Dr. Christine Kaniak-Urban/Katharina Schlamp: So fördere ich mein Kind. Mit Spaß und
Erfolg durch die Grundschule. ISBN 3-332-01193-6
Margret Schwarz: Rechenschwäche. Wie Eltern helfen können. ISBN 3-332-00716-5

Die Deutsche Bibliothek – CIP-Einheitsaufnahme
Ein Titeldatensatz für diese Publikation ist bei Der deutschen Bibliothek erhältlich.

www.dornier-verlage.de
www.urania-ravensburger.de

1. Auflage 2001
© 2001 Urania Verlag, Berlin
Der Urania Verlag ist ein Unternehmen der Verlagsgruppe Dornier.

Die Schreibweise entspricht den Regeln der neuen Rechtschreibung.

Die Autorinnen: Rita Schwark, Molfsee, und Ute Laue, Ober-Ramstadt, sind beide als
„betroffene Mütter" zu einer tieferen Beschäftigung mit der Legasthenie gekommen.
Aus ihrer täglichen Beschäftigung mit den Hausaufgaben ihrer Kinder und der ständigen, nicht immer einfachen Zusammenarbeit mit der Schule erwuchsen die Ratschläge
in diesem Buch. Rita Schwark war von 1981 bis 2001 Vorsitzende des Landesverbandes
Legasthenie Schleswig-Holstein und von 1989 bis 2000 Vorsitzende des Bundesverban-
des. 1988 erhielt sie das Bundesverdienstkreuz. Sie ist Mitbegründerin der 2001 ins
Leben gerufenen Legasthenie-Liga für Betroffene und deren Angehörige. Sie hat bereits
ein Fachbuch zum Thema Legasthenie veröffentlicht. Ute Laue ist Gymnasiallehrerin
und arbeitet seit 1994 im Landesverband Legasthenie Hessen.

Umschlaggestaltung: Behrend & Buchholz, Hamburg
Titelfoto: Image Bank, Britt Erlanson
Fotos: Gertie Burbeck: S. 25, 33, 91, 103; Redaktionsbüro Stark: S. 3, 17, 19, 43, 57, 74,
77, 111.
Redaktion: Jeanette Stark-Städele
Satz: Graphiti GmbH Berlin
Druck: Westermann Druck Zwickau
Printed in Germany

Gedruckt auf alterungsbeständigem Papier mit chlorfrei gebleichtem Zellstoff

ISBN 3-332-01253-3

Inhalt

Vorwort

Auch heute noch stehen Eltern, aber auch viele Lehrkräfte, ebenso hilflos vor der Diagnose „Legasthenie" wie vor vielen Jahren.

Bei der Diagnosestellung haben Eltern und Kind oft bereits eine lange erfolglose Suche nach den eigentlichen Auslösern für die beobachteten Schulprobleme hinter sich; häufig haben sie sich bereits im Therapiedschungel verirrt, bevor sie endlich fachkundige Information und verständnisvolle Beratung erhalten.

Unsere Söhne (Jahrgang 1963 und 1978) haben sehr unterschiedliche Schullaufbahnen und berufliche Werdegänge erlebt. Als Familien haben wir entsprechend unterschiedliche Erfahrungen im Umgang mit unseren Kindern vom Kindergartenalter über die Schulzeit bis in den Beruf und mit den Erziehern, Lehrkräften und Ausbildern gemacht.

Gemeinsam ist uns, dass wir in der Familie die Herausforderung „Legasthenie" angenommen und auf jeweils individuelle Weise versucht haben, gemeinsam mit dem Kind alle Hindernisse zu bewältigen.

Wir möchten anderen Eltern Mut und Kraft vermitteln, nicht an den Problemen zu verzweifeln, sondern sich auch gegen Unverständnis und Widerstände im Interesse ihrer Kinder zu engagieren und durchzusetzen.

Wir möchten Eltern ermuntern, sich zusammenzutun und gemeinsam für die Belange ihrer Kinder einzutreten. Eltern sollten sich nicht scheuen, immer wieder an die Schule heranzutreten und um Hilfe zu werben, denn die Schule ist die erste Adresse für das Erlernen der so genannten Grundfertigkeiten Lesen, Schreiben, Rechnen.

Und wir möchten Eltern motivieren, sich unsere Erfahrungen zunutze zu machen und sie als Anregungen, nicht aber als Gebrauchsanweisung zu betrachten.

Wir schreiben gemeinsam über dieses Thema, weil wir – ausgehend vom gleichen Problemverständnis – in der Förderung unserer Kinder doch verschiedene Wege gegangen sind und es für hilfreich halten, diese unterschiedlichen Möglichkeiten darzustellen.

Während im ersten Teil des Buches der Schwerpunkt auf Erklärung und Vermittlung von Problemverständnis liegt, werden im zweiten Teil spezielle Übungen vorgestellt. Diese stellen zum überwiegenden Teil begleitende Hilfen dar, die mit etwas Fantasie oft in den normalen Tagesablauf eingebaut oder als Spiele bei jedem Anlass eingesetzt werden können.

Wir wünschen uns, ein wenig dazu beitragen zu können, individuelle Lösungswege zu finden, und wir sind dankbar für konstruktive Verbesserungsvorschläge unserer Leser.

Rita Schwark   Ute Laue

Einführung

Eltern wollen und können helfen – Erfahrungen der Autorinnen

Schon kurz nach der Einschulung unseres Sohnes sahen mein Mann und ich uns völlig unerwartet mit seinen offensichtlichen Problemen beim Erlernen des Lesens und Schreibens konfrontiert. „Zuständig" für den Bereich Schule, machte ich mich mit bestem Willen ans Werk, um mit ihm zu üben.

Dirk-Henning – eine erfolgreiche Schullaufbahn

Ohne besondere pädagogische Vorkenntnisse und natürlich ohne zu ahnen, dass es sich hier schon sehr früh um erste Anzeichen einer ausgeprägten Lese-Rechtschreibschwäche (Legasthenie) bei einem ansonsten sehr gut begabten Kind handelte, verbesserten „wir" zunächst Lese- und Rechtschreibleistungen. Ich übte mich sehr mühsam in Geduld und „erfand" mit ihm zusammen wohl sehr richtige und ihm angemessene Hilfen.

Sicher half uns dabei, dass ich mich noch sehr gut an meine eigenen Schulprobleme erinnern konnte.

Dennoch begannen die Worte „Diktat", „Textaufgaben", „Hausaufgaben" – kurz „Schule" – sich sowohl auf das Wohlbefinden unseres Sohnes als auch der ganzen Familie auszuwirken. Mein Sohn begann, an den Fingernägeln zu knabbern, und wurde sichtlich unruhiger, angespannter, ängstlicher.

Besorgte Nachfragen bei seiner Klassenlehrerin und die Bitte, einen Termin beim Schulpsychologen zu vermitteln, blieben ohne befriedigende Antworten. Das war in den Jahren 1969 bis 1973.

Dann stand die Wahl der weiterführenden Schule an. In Schleswig-Holstein entscheidet hierüber letztlich der Elternwille, daher ist für die Eltern die Verantwortung besonders groß.

Die Klassenlehrerin empfahl den Besuch der Realschule. Der Vater vertraute ihrer Einschätzung, Sohn und Mutter jedoch sahen, abgesehen von den Problemen beim Lesen und Schreiben, in seinem sonstigen Leistungsvermögen keine Abweichungen im Vergleich zu jenen Mitschülerinnen und Mitschülern, die auf das Gymnasium wechseln sollten.

Wir hatten Glück. Die Kinderärztin, die wegen einer Allergie ständig aufgesucht werden musste, wusste Rat und nannte eine Adresse zur Durchführung eines Schuleignungstests. Hierbei bestätigte sich eine allgemeine Begabung, die eine Schullaufbahn auf dem Gymnasium ermöglichen sollte. Für die uns bis dahin unerklärlichen Probleme gab es nun eine plausible Erklärung: Legasthenie.

Jetzt konnten wir uns gezielt informieren. Die Situation entspannte sich, neue Motivation und erste Erfolge kehrten ein. Wir wussten, dass wir noch lange würden arbeiten müssen, zunächst gemeinsam, später ohne Mutters Hilfe.

Aber mein Sohn durfte nun auf ein Gymnasium wechseln. Die Verantwortung für alle anstehenden Schritte lag jedoch weiterhin bei mir. Das hieß, ich musste bis zum letzten Schultag meines Sohnes die Balance zwischen Über- und Unterforderung halten und die damit verbundene Unsicherheit ertragen. Es war eine sehr schwere Aufgabe.

Glücklicherweise kam mein Sohn 1973 auf ein Gymnasium, an dem es als Modellversuch schon damals Förderunterricht für Legastheniker gab. Sowohl der Schulleiter als auch der Leiter der Orientierungsstufe standen dem Problembereich Legasthenie aufgeschlossen gegenüber und förderten meine ersten zaghaften Versuche, einen „Elternarbeitskreis Legasthenie" unter den Fittichen des Schulelternbeirats ins Leben zu rufen, den es an dieser Schule auch nach 25 Jahren immer noch gibt.

Mein Sohn schaffte es bis auf kurzzeitigen so genannten „LRS"-Förderunterricht in der 5. Klasse und wenige Nachhilfestunden in Englisch und Mathematik allein.

Viel trug sein Klassen- und Lateinlehrer dazu bei, den er in der Mittelstufe vier Jahre lang behalten durfte. So konnte er in der 9. Klasse, wissend um die weiterhin notwendigen Anstrengungen, mit guter Einsicht in seine Stärken und seine Schwächen sowie Kenntnis individueller Lernstrategien langsam in die Selbstständigkeit entlassen werden. Er konnte regulär Abitur, Lehre, Studium und Berufsabschluss erreichen. Zwar durchlebten wir eine „Achterbahn", aber alle Mühen wurden belohnt, die Erfahrungen mit der Legasthenie wurden zur Bereicherung, und wir blieben eine fröhliche Familie.

Dass nicht jeder Legastheniker Abitur machen kann und muss, wird am persönlichen Beispiel meiner Mitautorin Ute Laue deutlich.

Björn – eine schwierige Schulkarriere

Bei Björn zeigten sich seit seiner Geburt Entwicklungsverzögerungen. Es begann eine Odyssee von Facharzt zu Facharzt, von Klinik zu Klinik. Der Haupttenor aller Untersuchungen war: Im Grunde weicht Björns Entwicklung nicht so stark von der Norm ab, dass man sich Gedanken machen müsse und „überbehütende Mütter dramatisieren sowieso alles".

Nun war Ute Laue keineswegs eine überbehütende Mutter, sondern eine, die Hilfe suchte und keine erhielt. Außer logopädischem Unterricht konnte sie keine Frühförderung für ihren Sohn bekommen. Der Einbruch in der 1. Klasse folgte unausweichlich.

Nach langer Suche fand sich eine Psychologin, die feststellte, dass Björn eine Legasthenie und eine Dyskalkulie (Rechenschwäche) hatte, beides in ausgeprägtem Maß.

Da die Grundschule nicht bereit war, ihn weiterhin zu beschulen – „ein Kind, das nicht lesen, schreiben und rechnen kann, gehört in die Schule für Lernhilfe" –, bot sich als einzige Alternative die Sprachheilschule an. Dorthin wurde Björn auf Wunsch der Eltern wegen seiner Sprachauffälligkeiten umgeschult. Auch dort ließ das Verständnis zu wünschen übrig, aber mit Hilfe einer mehrjährigen außerschulischen Förderung und mit Einsatz der Mutter konnte er den Hauptschulabschluss erreichen.

Der Einsatz der Mutter bedeutete: mit dem Sohn zusammen Hausaufgaben machen, dabei sofort auf jedes „Habe ich nicht verstanden" eingehen und danach entsprechende Übungen anschließen. Immer wieder war zu überlegen, mit welchen Arbeitsmaterialien, Spielen und Übungen dem Sohn das Lernen leichter gemacht werden konnte.

Rat und Informationen erhielt Ute Laue in der Elternselbsthilfegruppe Darmstadt des Landesverbandes Legasthenie Hessen, dem sie nun schon seit vielen Jahren aktiv angehört.

Im Gespräch mit anderen Eltern und auch Lehrern merkten Ute Laue und ich, dass unsere Erfahrungen anderen Eltern bei der Suche nach Lösungen bei scheinbar unerklärlichen Lernproblemen helfen konnten. Das gibt uns auch den Mut, diese eigenen Erfahrungen so ausführlich den praktischen Tipps in diesem Buch voranzustellen.

In unserer inzwischen langjährigen Beratungspraxis stellten wir schnell fest, dass viele Kinder zu lange ohne angemessene Hilfen bleiben, weil ihre Eltern keine sachkundige Information und verständnisvolle Beratung finden, nicht genügend Mut und Kraft haben oder im Therapiedschungel umherirren.

Und in der Beratung erleben wir Eltern, die helfen wollen und, je nach ihren eigenen Voraussetzungen, auch helfen können.

Eltern brauchen sachkundige Beratung und Tipps von anderen Eltern

In der Regel bemerken Eltern und Lehrkräfte zwar erste Auffälligkeiten, wenn ein Kind wider Erwarten mit dem Erlernen des Lesens und Schreibens Probleme hat. Aber ebenso regelmäßig wird dann mit dem wiederholenden Üben begonnen, ohne nach den Hintergründen für dieses Versagen zu fragen.

Führt verstärktes Üben nicht zum Erfolg, sind Eltern und Kinder frustriert.

Alle Beteiligten – Kind, Eltern und Lehrkräfte – erleben aber eine große Enttäuschung, wenn verstärkte Leseübungen, das Üben der Diktate oder das Abschreiben von Texten nicht zu der erwarteten Verbesserung führt. Sehr häufig werden auch Kinder in die 1. Klasse zurückversetzt, weil es mit dem Lesen und Schreiben nicht klappen will. Dann setzen sich nach ersten Scheinerfolgen die Probleme häufig fort. Es beginnt ein Kreislauf, von dem später noch die Rede sein wird.

Hilflosigkeit macht sich breit, trotz der wissenschaftlichen und öffentlichen Diskussion, die seit nunmehr 25 Jahren existiert. Immer noch hat diese Problematik nicht genügend Akzeptanz und damit Eingang in schulrechtliche Regelungen sowie Lehrerausbildung und Lehrerfortbildung gefunden. Nach wie vor hören Eltern Aussagen wie: „Sie sind zu besorgt. Warten Sie ab, das gibt sich noch. Schließlich können nicht alle Kinder ein Gymnasium besuchen." Statt erwarteter Hilfe von der Schule also mangelndes Problemverständnis?

Die ersten Fragen, die sich Eltern in Zusammenhang mit den Problemen ihrer Kinder stellen, lauten:

– Sind die beobachteten Auffälligkeiten Anzeichen für vorübergehende Schwierigkeiten oder für eine ausgeprägte Lese-Rechtschreibschwäche bzw. -störung (Legasthenie)?
– Legasthenie – was ist das eigentlich genau?
– Woran kann man Legasthenie erkennen und wer kann sie feststellen?
– Haben wir und/oder die Schule etwas falsch gemacht?
– Was können wir und die Schule besser machen?
– Braucht unser Kind zusätzliche Förderung oder Therapie? Wenn ja: wo?
– Wer kann uns helfen?

Auf diese Fragen soll in diesem Buch eingegangen werden. Darüber hinaus sollten betroffene Eltern sich an vielen Stellen um unabhängige, sachkundige Beratung bemühen. Eine wichtige erste Anlaufstelle sind dabei die in allen größeren Orten existierenden Selbsthilfegruppen (siehe Seite 54 f.). Dort finden Ratsuchende vielfältige Informationen, Verständnis und praktische Tipps.

Ist es Legasthenie?

Für manche Kinder stellt das Erlernen des Lesens und Schreibens – trotz konsequenter Übung – eine scheinbar unüberwindbare Hürde dar. Eltern sind meist völlig ratlos, scheint das Kind in allen anderen Bereichen doch sehr aufgeweckt zu sein. Liegt vielleicht eine Legasthenie vor?

Vom Lesen- und Schreibenlernen

Kinder kommen mit ganz unterschiedlichen Lernvoraussetzungen in die Schule – und sollen nun alles gleich schnell und auf gleiche Weise erlernen.

Lesen und Schreiben sind neben dem Rechnen die so genannten Grundfertigkeiten, die in der Schule erworben und möglichst auf einen einheitlichen Stand gebracht und verglichen (d. h. bewertet) werden sollen. Die Normen hierfür werden zwar in etwa vorgegeben, Anforderungen und Bewertungskriterien sind jedoch keineswegs einheitlich. So ist es wohl bekannt, dass in den ersten Schuljahren teilweise sehr unterschiedlich unterrichtet werden kann und sehr unterschiedliche Leistungsanforderungen gestellt werden. Außerdem kommen Kinder schon mit sehr unterschiedlichen Voraussetzungen in die Schule.

Vor Schuleintritt haben alle Kinder hinsichtlich ihrer körperlichen, geistigen und sozialen „Versorgung" sehr unterschiedliche Erfahrungen in Elternhaus, Kindergarten und näherem Umfeld gemacht. Sie treffen nun auf Mitschüler mit ebenso unterschiedlichen Erfahrungen und mit ihnen gemeinsam auf Schulen und Lehrkräfte, die sich in Ausstattung sowie Lehrangeboten und -methoden wiederum erheblich voneinander unterscheiden.

Neben diesem speziellen körperlichen und geistigen Entwicklungsstand bringen Kinder noch andere individuelle Lernvoraussetzungen mit, über deren Bedeutung man sich lange Zeit nicht genügend im Klaren war. Wenn in früheren Zeiten selbst geduldiges Wiederholen oder Nachsitzen und Sitzenbleiben nicht halfen, galten diese Kinder einfach als „faul (frech?) und dumm". Manche der so Abgestempelten konnten sich dennoch durchsetzen, einige sind uns als berühmte Naturwissenschaftler, Schriftsteller oder Künstler bekannt oder sind ausgezeichnete Ingenieure und Handwerker geworden. Offensichtlich waren sie nicht einfach „dumm", sondern ihre Stärken lagen lediglich auf anderem Gebiet als auf der Automatisation von Lesen und Rechtschreiben.

Diese vermeintlichen Ungereimtheiten gaben den Anstoß, über Bedeutung und Zusammenhänge individueller Lernvoraussetzungen näher nachzudenken und weiter zu forschen. Vor allem die Hirnforschung hat hierzu wertvolle Ergebnisse beigetragen.

Wichtige Lernvoraussetzungen

Inzwischen ist unbestritten, dass neben körperlichen und geistigen Lernvoraussetzungen die unterschiedlichen Qualitäten der Wahrnehmung (Hören, Sehen, Fühlen usw.) und der Motorik, d.h. der groben und der feinen Bewegungsabläufe, sowie verschiedener anderer Bereiche maßgeblich über den Erfolg einer zu erbringenden Lernleistung mitentscheiden. Schwächen in diesen Teilbereichen (Teilleistungsschwächen) behindern bereits das Erlernen der so genannten „Kulturtechniken" Lesen, Schreiben oder Rechnen und sind damit von erheblicher Tragweite für die gesamte Leistungsentwicklung.

Mit dieser Erkenntnis allein ändert sich jedoch noch nichts daran, dass nach wie vor für eine nicht geringe Anzahl von Schülerinnen und Schülern bereits kurz nach der Einschulung ein längerer Leidensweg beginnt. Leider sind Früherkennung und gezielte Frühförderung noch längst keine Selbstverständlichkeit in unseren Schulen.

So hängt der weitere berufliche und soziale Werdegang eines Menschen mit Teilleistungsschwächen (z.B. Legasthenie) vor allem von der Aufmerksamkeit, dem Problemverständnis und dem Engagement seiner Lehrer und Eltern ab.

Die Wahrnehmungsfähigkeit über alle Sinne sowie die Motorik sind unerlässliche Voraussetzungen für erfolgreiches Lernen.

Im Wirrwarr der Begriffe

Wichtig ist immer eine genaue Begriffsklärung.

Bezogen auf das Erlernen von Lesen und Schreiben muss unter dem Gesichtspunkt zusätzlicher spezieller Hilfen ebenfalls unterschieden werden zwischen *vorübergehenden Schwierigkeiten* und *ausgeprägten, überdauernden Schwächen* (Legasthenie), die eine spezielle Langzeitbehandlung mit ungewissen Erfolgsaussichten erfordern.

Lese-Rechtschreibschwierigkeiten

Vorübergehende Lese-Rechtschreibschwierigkeiten (LR-Schwierigkeiten) werden ausgelöst durch äußere Bedingungen, z. B. durch Unterrichtsausfall, längere Erkrankung von Lehrkraft oder Schüler/in, häufigen Schulwechsel, Übungs- oder Methodenmangel, wie etwa zu schnelles Fortschreiten im Unterricht, seelische Belastungen, Wechsel der Bezugsperson, Belastungen durch chronische Erkrankungen mit Beeinträchtigungen der allgemeinen Leistungsfähigkeit.

Hilfen bei LR-Schwierigkeiten

Als Hilfe kommen ein konsequent und langsam durchgeführter Leselehrgang und zusätzliche Rechtschreibförderung im Sinne von wiederholendem Üben in Betracht. In der Schule soll dieses durch Hilfen innerhalb des Unterrichts, so genannte „Binnendifferenzierung" und zusätzlichen Deutsch-Förderunterricht, angeboten werden. Natürlich profitieren aber auch Kinder mit vorübergehenden Schwierigkeiten von einem speziell auf Teilleistungsschwächen (Legasthenie) abgestimmten Training.

Wann spricht man von Legasthenie?

*LR-**Schwäche** bzw. LR-**Störung***

Unter Legasthenie versteht man dagegen eine ausgeprägte Schwäche beim Erlernen von Lesen und Schreiben, die zumindest anfangs aus dem Rahmen der übrigen schulischen Leistungen fällt.

Legastheniedefinition

Die Legasthenie (Lese-Rechtschreibschwäche) bezeichnet eine umschriebene Störung im Erlernen der Schriftsprache, die nicht durch eine allgemeine Beeinträchtigung der geistigen Entwicklungs-, Milieu- oder Unterrichtsbedingungen erklärt werden kann. Vielmehr ist die Legasthenie das Ergebnis von Teilleistungsschwächen der Wahrnehmung, Motorik und/oder der sensorischen Integration, bei denen es sich um anlagebedingte und/oder durch äußere schädigende Einwirkungen entstandene Entwicklungsstörungen von Teilfunktionen des zentralen Nervensystems handelt.

Der Begriff entspricht international der Definition von Dyslexie durch die Weltgesundheitsorganisation (WHO) und wird in der internationalen Klassifikation der Diagnosen unter ICD-10 als umschriebene Entwicklungs**störung** des Sprechens und der Sprache aufgeführt. Daher wird Legasthenie manchmal auch als *LR-Störung* gleichbedeutend mit *LR-Schwäche* „übersetzt".

Eine Legasthenie ist folglich entwicklungsbedingt. Auslöser einer Legasthenie sind eine oder mehrere Teilleistungsschwächen in verschiedenen, für das Erlernen der Schriftsprache wichtigen Funktionen des Gehirns. Eine Legasthenie beruht demnach nicht auf einem Mangel an Intelligenz, nicht auf mangelhaftem Unterricht und nicht auf fehlender sozialer Zuwendung.

Die Teilleistungsschwächen können bei jedem betroffenen Schüler oder jeder Schülerin andere Ursachen haben, z. B. genetisch bedingt sein. Sie sind unterschiedlich kombiniert und unterschiedlich stark ausgeprägt, können aber durch äußere Bedingungen sowohl positiv als auch negativ beeinflusst werden.

Wichtig:

Anders als bei vorübergehenden LR-Schwierigkeiten sind die äußeren Bedingungen nicht Ursache einer Legasthenie, sondern wirken sich lediglich zusätzlich auf die bereits vorhandenen Teilleistungsschwächen aus.

Dies bedeutet, dass Menschen mit Legasthenie individuell unterschiedlich bei der Umsetzung von Laut- in Schriftsprache beeinträchtigt sind. Sie können diese Umsetzung nicht oder nur zum Teil automatisieren und müssen daher lernen, durch individuelle Lernstrategien ihre Probleme zu kompensieren, „in den Griff zu bekommen".

In Schule und Ausbildung laufen Betroffene Gefahr, vor allem durch ausgeprägte Leseprobleme, nicht nur in den sprachlichen Fächern, sondern zunehmend auch in den Sachfächern nicht zurecht zu kommen.

Zum Beispiel können sie häufig Sachtexte, die zur richtigen Beantwortung von Fragen eine besondere Lesegenauigkeit erfordern (Wiese oder Weide, vierfach oder vielfach usw.), nicht schnell genug beantworten. Menschen mit Legasthenie brauchen zum richtigen und genauen Lesen und Schreiben mehr Zeit.

Je früher betroffene Kinder Hilfe erhalten – im Idealfall bereits vor der Einschulung – desto besser werden sie ihrem Handikap begegnen können.

Hilfen bei Legasthenie
Damit bei Schülerinnen und Schülern mit Legasthenie der Bildungsanspruch auf eine Schullaufbahn, die ihren tatsächlichen intellektuellen Fähigkeiten entspricht, nicht gefährdet ist (vgl. Artikel 3, Absatz 3 des Grundgesetzes), brauchen sie spezielle Hilfen. Diese Hilfen müssen ihre Teilleistungsschwächen berücksichtigen und sowohl in der Schule als auch im Rahmen der Hausaufgaben sowie ggf. durch zusätzliche Übungen und Training durchgeführt werden.

ENGLISCH DEUTSCH
MATHEMATIK PHYSIK
BIOLOGIE RUSSISCH
SPORT LATEIN KUNST
CHEMIE GESCHICHTE
PHYSIK KUNST SPORT
FRANZÖSISCH GMK
RUSSISCH WERKEN
CHEMIE LATEIN GMK
DEUTSCH RUSSISCH
MATHEMATIK CHEMIE

Legasthenie zieht sich wie ein roter Faden durch alle Schulfächer.

Vorsicht Missverständnis: das Kürzel „LRS"

LR-Schwierigkeiten, LR-Schwäche-/Störung: Der zufällige Beginn aller drei Begriffe mit dem Buchstaben „S" verführt leicht dazu, generell das Kürzel „LRS" zu verwenden. Um Missverständnisse zu vermeiden, sollte im Interesse der Betroffenen dieses Kürzel „LRS" jedoch nur dann benutzt werden, wenn beide Gruppen angesprochen werden.

Ein Beispiel hierfür wäre der so genannte „LRS"-Lehrer, der innerhalb der Schule Ansprechpartner für beide Problembereiche, LR-Schwierigkeiten und LR-Schwäche-/Störung (Legasthenie) sein sollte.

Die Trennung bzw. der bewusste Gebrauch dieser Begriffe ist immer dann besonders wichtig, wenn es um die inhaltliche Klarstellung, besonders aber um die Eindeutigkeit von Absprachen (z.B. mit der Schule) oder Verträgen mit Anbietern von Nachhilfe- oder Förderunterricht geht. Hier wird häufig das Kürzel „LRS" bewusst eingesetzt, weil sich damit der Kundenkreis erweitert, die angebotene Leistung nicht so festgelegt und damit weniger gut kontrollierbar ist.

Die Auslöser: Teilleistungsschwächen

Einer Legasthenie liegen weder mangelnde Intelligenz noch unsystematisches Lernen zugrunde, sondern vielmehr grundlegende Abweichungen in bestimmen Bereichen der Wahrnehmung und Verarbeitung von Sinnesreizen.

Die Bedeutung der Teilleistungsbereiche

Eine Vielzahl von Abläufen in verschiedenen Sinnesorganen und im Gehirn müssen beim Lesen und Schreiben reibungslos ineinander greifen.

Für die korrekte Wiedergabe von Sprache (mündlich oder schriftlich) muss ein Laut oder ein Zeichen (Buchstabe, Zahl, Note usw.) eindeutig wahrgenommen, im Gehirn gespeichert und verarbeitet und schließlich mit Hilfe der Sprech- und Handmotorik ebenso eindeutig wiedergegeben werden können.

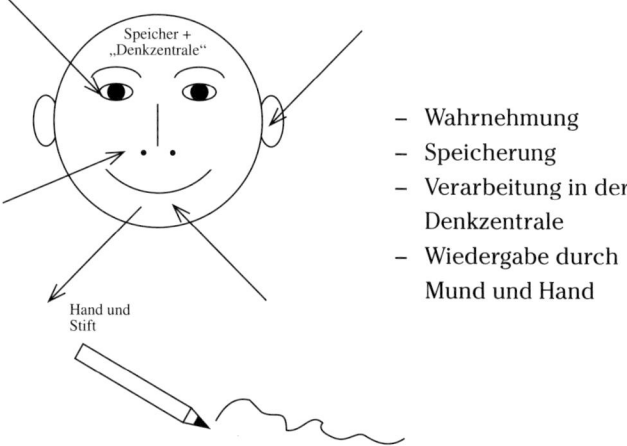

- Wahrnehmung
- Speicherung
- Verarbeitung in der Denkzentrale
- Wiedergabe durch Mund und Hand

Je weniger Probleme ein Mensch mit diesem Zusammenspiel hat, umso leichter fällt es ihm im Laufe des Lernprozesses, Lese-, Schreib- und Rechenvorgänge zu automatisieren und zum schnellen Abruf bereitzuhalten.

Schon beim Sprechenlernen müssen kleine Kinder z. B. Laute genau hören und unterscheiden (Wortklang, Satzmelodie). Später müssen sie längere Wörter und Sätze speichern und verarbeiten können (Wortbedeutung). Wenn dieses gelingt – andernfalls wird nur lautlich ein Fantasiewort wiedergegeben – erfolgt das richtige Nachsprechen mit Hilfe der Sprechmotorik.

Dies bedeutet, dass Teilleistungsschwächen nicht nur bei der Aufnahme (Eingabe/Input) und der nachfolgenden Speicherung, sondern auch bei der Wiedergabe (Output) vorliegen können und entsprechende Auswirkungen haben. Dazwischen geschieht die denkende Verarbeitung, die auf eine korrekte „Eingabe" und Speicherung angewiesen ist.

Die Eingabe erfolgt über die Sinneswahrnehmungen hören, sehen, tasten, riechen und schmecken und ist keineswegs eine passive Angelegenheit dieser Sinne, sondern wird aktiv durch Bewegung (Auge, Ohr, Kopf bewegen, tasten, krabbeln usw.) gesteuert. Dieses Wissen liegt der spielerischen Förderung aller Sinne zugrunde, die im zweiten Teil dieses Buches besprochen wird.

Das genaue Erkennen des individuellen Störungsspektrums ist wichtiger als jedes bloße Anwenden irgendeines Förderprogramms.

Im Folgenden werden die wichtigsten Teilleistungsbereiche kurz beschrieben. Diese Darstellungen sollen Eltern nicht entmutigen, sondern ihnen – und vielleicht auch Lehrkräften – helfen, Kinder mit Legasthenie besser zu verstehen. Denn eine sinnvolle Hilfe setzt wirkliches Problemverständnis voraus und kann nur dann zum Erfolg führen.

Sowohl für die Vielzahl der möglichen Wahrnehmungs- und Verarbeitungsprobleme insgesamt als auch für die einzelnen Wahrnehmungsbereiche gilt, dass zum Glück nie alle Symptome gleichermaßen vorhanden sind. Jedes Kind weist ein individuelles Störungsspektrum auf, und es gleicht kriminalistischer Feinarbeit, diesem schon vor Beginn des „Drauflos-Übens" möglichst exakt auf die Spur zu kommen.

Verzögerte Sprachentwicklung

Manche Kinder haben bereits Probleme mit der „gesprochenen Sprache". Damit sind nicht unbedingt größere Auffälligkeiten wie Lispeln oder Stottern gemeint, sondern auch kleine „Stolperer".
Spricht das Kind:
- *Sule statt Schule*
- *krei statt drei*
- *Zwen statt Sven*

Bei Auffälligkeiten in der Sprachentwicklung sollte man immer aufmerksam werden.

Auch häufigere Verdrehungen im Wort sollten weiter beobachtet werden und können evtl. später bei der Suche nach Problemzusammen-

hängen andere Hinweise auf Raumlageprobleme stützen.
Beispiele:
– Schrauberhub statt Hubschrauber
– Lappwaschen statt Waschlappen

Viele Kinder mit Sprachentwicklungsverzögerungen erhalten eine Förderung bei Sprachheilpädagogen und fallen nach erfolgreichem Abschluss der Therapie häufig nicht mehr auf – bis in der Schule die ungeübten Diktate kommen ...

Die Gründe für eine Verzögerung in der Sprachentwicklung sind sicher vielfältig und nicht nur sozialer Art (zu wenig Gespräche im Elternhaus, zu viel Fernsehen usw.). Ein Grund kann z. B. auch eine auditive Wahrnehmungsstörung sein.

Auditive Wahrnehmungs- und Verarbeitungsschwächen

Nur wer richtig hört, kann auch richtig schreiben.

Gutes Hören ist nicht nur fürs Diktateschreiben, sondern für erfolgreiches Lernen insgesamt unabdingbar. Eltern erzählen oft, ihr Kind höre nicht richtig „hin", sowohl offensichtlich beim Diktat wie aber auch zu Hause im Gespräch oder bei kleinen Aufträgen, die es ausführen soll.

Bei Fehlern im Diktat stellt sich zunächst die Frage: Kann das Kind vielleicht den Klang ähnlicher Laute nicht unterscheiden?
Hört das Kind den Unterschied:
– zwischen u und o (Uhr oder Ohr)
– zwischen i und e (Stirn oder Stern)
– zwischen gl und bl (Glut oder Blut)
– zwischen t und tt (Hüte oder Hütte)
– zwischen ihm und ihn (den oder dem)
– zwischen Nadel, Nagel und Nabel
– zwischen englisch walk – work, bed – bad, thing – think
– zwischen französisch e – è – é, je vais – je fais

28

Um hier Klarheit zu erhalten, bietet sich ein kleines Experiment an:
Man bildet etwa 20 ähnlich klingende Wortpaare (z. B. lesen/lösen
– Ohr/Uhr – Nagel/Nadel usw.). Diese teilt man in zwei Abteilungen.
Dann setzt man sich von Angesicht zu Angesicht dem Kind gegenüber
und diktiert in normaler, aber deutlicher Sprache den ersten Teil. Da-
nach dreht man dem Kind den Rücken zu und diktiert den zweiten Teil.
Beim Sprechen sollte man den Kopf möglichst nicht bewegen.

Die Übung darf auch umgekehrt erfolgen: Das Kind diktiert, Vater
und/oder Mutter schreiben.

Fällt etwas auf? Vielleicht sollte nicht nur das Kind vom Ohrenarzt
sehr eingehend untersucht werden?

Bereits bei Wörtern, besonders aber bei Sätzen, müssen nicht nur
einzelne Laute vom Klang her unterschieden werden, sondern es
müssen ganze Klangkomplexe, Klanggestalten (Ton, Melodie und
Rhythmus!) richtig verstanden und richtig behalten werden (auditive Merkfähigkeit):

Der Lehrer sagt der Schüler ist ein Esel.
Der Lehrer sagt, der Schüler ist ein Esel.
Der Lehrer, sagt der Schüler, ist ein Esel.

Auditive
Merkfähigkeit

Wichtig für die Unterscheidung und richtige Speicherung eines Klan-
ges ist auch die Richtung, aus der er kommt. Es gibt Kinder, die nur
schwer in der Lage sind, eine Schallquelle auszumachen. Sie haben
nicht nur Probleme beim Diktat, wenn die Lehrkraft sich dabei im
Raum bewegt, sondern auch beim Zuordnen von Diskussionsbeiträ-
gen zu den jeweiligen Sprechern oder mit ihren Reaktionen im
Sportunterricht und beim Spielen, wenn sie unerwartet angerufen
werden. Sie reagieren dabei oft zu langsam.

Richtungshören

Wichtig für die Einschätzung einer Richtung ist außerdem die Unter-
scheidungsfähigkeit von Lautstärken sowie der zeitlichen Differen-
zen zwischen beiden Ohren bei der Aufnahme eines Lautes.

Lautstärke- und
Lautzeitdifferenzen

Wenn man außerdem bedenkt, dass manche Kinder Sprach-
informationen abwechselnd nur vom linken oder rechten Ohr, nicht
aber von beiden Ohren gleichzeitig wahrnehmen können (geteiltes
bzw. wechselseitiges so genanntes dichotisches Hören), ist einsich-

Dichotisches Hören

tig, mit welch vielfältigen Problemen Kinder mit auditiven Wahrnehmungs- und Verarbeitungsschwächen zu kämpfen haben. Ihnen dürfte es schwer fallen, lange aufmerksam zuzuhören und sich insbesondere in einem geräuschvollen Klassenraum voll auf den Unterricht zu konzentrieren. Bei diesen Kindern muss sichergestellt werden, dass sie am Ende der Unterrichtsstunde die aufgegebenen Hausaufgaben wirklich verstanden bzw. notiert haben.

Visuelle Wahrnehmungs- und Verarbeitungsschwächen

Nicht nur „richtiges Hören", auch ungestörte Sehprozesse sind Voraussetzung für das Lesen und Schreiben.

Fast alle Legastheniker haben Probleme mit dem Lesen, doch viele können dies lange „geheim halten". Rechtschreibfehler dagegen fallen in der Regel schneller auf. Dem Betrachter eines Diktates, eines frei geschriebenen Aufsatzes oder auch eines Einkaufszettels „springen sie ins Auge"; häufig treten sie in Verbindung mit einer unsauberen, schlecht lesbaren Schrift auf. Allerdings schaffen es etliche Kinder, ausgeprägte Rechtschreibschwächen zumindest bis zum ersten ungeübten Diktat durch viel Ehrgeiz und fleißiges Üben zu kompensieren.

Auf der Suche nach dem Grund für die vielen Rechtschreibfehler folgt der Frage nach dem „richtigen" Hören sogleich die Frage: Kann das Kind „richtig" sehen, d. h. kann es im Zusammenspiel beider Augen gleich gut feine Zeichen wahrnehmen, unterscheiden und speichern?

Sieht das Kind den Unterschied:
– zwischen b / d oder p / q / g
– zwischen a oder o
– zwischen n / m / u oder v / w
– zwischen T / F / E oder E / 3

Visuelle Feinunterscheidung

Nicht alle Fehler lassen sich eindeutig zuordnen. So stellt sich z. B. die Frage: Kann das Kind die Wörter ihn/ihm, dem/den lautlich nicht unterscheiden oder zählt es „die Beine" bei „m/n", d. h. hat es ein visuelles Problem?

30

Kinder mit Schwächen in der visuellen Feinunterscheidung ermüden leicht beim Lesen (und Schreiben), reiben sich häufig die Augen, hängen mit der Nase auf dem Tisch usw.

Sie haben Probleme mit der Lesegenauigkeit, mit der Einhaltung von Zeilen und Richtungen (sowohl beim Lesen als auch beim Schreiben) und häufig auch mit der Einteilung des Raums (Zeilenlänge, Heftseite), mit der Reihenfolge von Buchstaben, aber evtl. auch von Zahlen und anderen Zeichen.

Es liegt auf der Hand, dass derartige Probleme negative Auswirkungen auf Testergebnisse (z. B. Intelligenztests) haben können, wenn deren Aufgabenstellung stark auf visuelle Anforderungen ausgerichtet ist (z. B. Unterscheiden und Zuordnen von Symbolen). Das muss derjenige, der solche Tests anwendet, wissen und berücksichtigen und ggf. mit anderen Verfahren nochmals überprüfen!

Neben den bereits beschriebenen Auswirkungen auditiver Schwächen haben visuelle Schwächen ebenfalls gravierende Folgen für das Erlernen von Fremdsprachen und im Fach Mathematik.

Beispiele in Fremdsprachen:

im Englischen: an – on, come – came, cieling – ceiling, tabel – table, lamp – lamb

im Französischen: é / è / ê, ou – eau – eaux, qui – oui

In den Fremdsprachen gibt es besonders viele Falschschreibungen, die sich nicht eindeutig dem Hör- oder dem Sehbereich zuordnen lassen.

Bei näherer Betrachtung der oben genannten Beispiele (entnommen aus Material von Ingrid Paulsen und Ulrike Kremer, siehe Anhang) lässt sich erkennen, dass hier ebenfalls die Anordnung von Buchstaben (Zahlen, Noten) im Raum (Wort) und in der Reihenfolge häufig nicht gesichert ist.

Nur im Fach Latein wird lautgetreu geschrieben. Für viele Kinder, die große Probleme mit der auditiven Wahrnehmung und Verarbeitung haben, bietet sich daher für die Wahl der zweiten Fremdsprache auf dem Gymnasium das Fach Latein an. Wenn sie gleichzeitig visuelle Probleme haben (meistens), dann müssen sie allerdings ganz besonders bewusst darauf achten und damit umgehen lernen (langsam arbeiten!). Dies ist nicht einfach und erfordert vom Kind viel Geduld mit sich selbst, vom Helfer zusätzlich gute Beobachtung und viel Einfühlungsvermögen. Die klaren Gliederungen und Strukturen dieser Sprache können aber generell sehr hilfreich sein.

Bevor jedoch eine (vor-)schnelle Entscheidung bei dieser schwer wiegenden Wahl – und ebenso bei der Wahl von Französisch oder Englisch als zweite Fremdsprache auf der Realschule – getroffen wird, sollten die Leistungen in der ersten Fremdsprache besonders genau analysiert werden. Danach lässt sich besser abschätzen, ob und welche Probleme beim Erlernen einer zweiten Fremdsprache evtl. zu erwarten sind.

Bestandsaufnahme und Diagnostik

Langfristige und angemessene Hilfe beginnt immer mit einer gründlichen Bestandsaufnahme. Sie ist sowohl Leitfaden für die weitere Beratung (häusliche Hilfen) als auch Wegweiser zu Diagnostik und – je nach Einzelfall – zusätzlichen speziellen Fördermaßnahmen.

Die Misserfolgsleiter

Für die Bestandsaufnahme sollten Eltern und Kind sich genügend Zeit gönnen. Anschließend können gemeinsam Ziele abgesteckt und Wege dorthin individuell festgelegt werden.

Eine Bestandsaufnahme sollte auf jeden Fall mit der Frage nach der Befindlichkeit des Kindes, bezogen auf seine bisherige schulische Laufbahn (Zeugnisse) und ausgehend von seiner Einschulung beginnen. Von der Antwort, auf welcher Stufe einer gedachten vierstufigen „Misserfolgsleiter" sich ein Schüler oder eine Schülerin nach Einschätzung der Eltern befindet, hängt es ganz wesentlich ab, an welcher Stelle dieses Kind emotional und leistungsbezogen abgeholt werden kann und mit welchem Schritt nach Abschluss der Bestandsaufnahme begonnen werden kann. Wenn schulische und häusliche Hilfen nicht ausreichen oder nicht möglich sind, können sowohl eine pädagogisch ausgerichtete Legasthenie-Förderung als auch eine medizinisch orientierte Therapie (z. B. Sprach- und Bewegungstherapie), manchmal auch psychotherapeutische Hilfe notwendig sein. Die Bereiche Diagnostik und Förderung gehören in die Hände spezialisierter Fachleute!

Stufe 1 der „Misserfolgsleiter"

– Die ersten Schwungübungen wollen nicht gut gelingen.
– Verkrampfte Finger bohren den Stift durch das Heft, es gibt Kleckse.
– Beim Lesen können Buchstaben nicht zu Silben zusammengezogen werden.
– Buchstaben werden verdreht, vertauscht, ausgelassen oder hinzugefügt.
– Die Freunde aus der Kindergartenzeit können plötzlich alles viel schneller und besser. Fehler werden sichtbar, werden registriert, lösen Verwunderung und Erstaunen aus.

„Das" hatten weder das Kind noch seine Familie und seine Freunde erwartet.

Stufe 2

Das Kind fragt sich: Bin ich dumm?

Im Zeugnis steht unter Lesen:
„Geübte Texte kann er/sie lesen; bei ungeübten macht er/sie noch viele Fehler.

Peter/Petra muss zu Hause mehr Lesen üben, die Linien besser einhalten und auf eine sorgfältigere Schrift achten.
Auch in den geübten Diktaten macht er/sie noch viel zu viele Fehler."

– In der Schule (Deutsch-Förderunterricht) und zu Hause wird ständig geübt, das Verhältnis zwischen Schüler/in und Helfer/in wird angespannt (immer wieder das „Gezerre" bei den Hausaufgaben und dem zusätzlichen Üben …).
– Es wird „am Fehler kuriert", d. h. symptomorientiert und nicht problemorientiert geholfen.

Fazit: Mehr Üben, mehr Ehrgeiz, mehr Anstrengung – kein entsprechender Erfolg.
Enttäuschung beim Kind und beim Erwachsenen.

Das Kind stellt fest: Ich bin dumm!

– Suche nach Erklärungen und „Schuld"
– Soziale Reaktionen des Kindes, z. B.:
– Stören des Unterrichts,
– „lenkt sich und andere ab",
– auffällige Verhaltensveränderungen (Klassenkasper), zunehmende Zurückgezogenheit,
– Kopf- oder Bauchschmerzen vor Klassenarbeiten usw.
– Es kommt zu Angst – Stress – Blockierung; die Fehler nehmen weiter zu.

Stufe 3

Das Kind stellt fest: Üben, üben, üben … Ich lern das nie!

– Geschwundenes Selbstvertrauen
– Misserfolgserwartung
– Misstrauen gegenüber (ehrlichem) Lob
– Sich-Fallenlassen, keinen Erfolg mehr annehmen

Stufe 4

Das Kind resigniert: Ich geb's auf, es ist alles zwecklos.

35

Zeugnisübersicht:
Wie verlief die bisherige Leistungsentwicklung?

In Ergänzung zum augenblicklichen Standpunkt auf der „Misserfolgs-leiter" ist ein sorgsames Nachspüren der bisherigen schulischen Leistungsentwicklung anhand der Zeugnisse und sonstigen schulischen Beurteilungen (Entwicklungsgutachten und evtl. aktuelle Klassenarbeiten) sehr aufschlussreich.

Beginnend mit den Zeugnissen aus der ersten Klasse (ggf. bereits Unterlagen vom Schulkindergarten oder Einschulungsgutachten) lässt sich die Entstehungsgeschichte einer Legasthenie meist sehr gut nachvollziehen. Längere Berichtzeugnisse, wie sie z. B. in den ersten Schuljahren in vielen Bundesländern üblich sind, geben nicht nur Auskunft über entstehende Probleme. Sie geben häufig auch konkrete Hinweise zur Art des Störungsbildes und der zugrunde liegenden Teilleistungsschwächen.

> **Schulleistungsübersicht als Basis der Zusammenarbeit:**
> Die Bestandsaufnahme anhand der Zeugnisse gibt einen sehr guten Einblick und ist gleichzeitig eine wichtige Basis für die zukünftige Zusammenarbeit mit der Schule. Dies setzt allerdings bei Schule und Eltern einen konstruktiven Umgang mit Kritik sowie die Bereitschaft voraus, aus erkannten Fehleinschätzungen bzw. bisher fehlendem Problemverständnis der Erwachsenen konsequent nach gemeinsamen Lösungen zu suchen.

Auch außerhalb der Schule gibt es viele Hinweise auf das Vorliegen einer Teilleistungsschwäche.

Die allgemeine Entwicklung

Neben den Leistungen in der Schule geben auch das allgemeine Verhalten sowie die bisherige Entwicklung des Kindes wichtige Hinweise auf das Vorliegen einer Teilleistungsstörung bzw. Entwicklungsauffälligkeit.

Was ist auffällig an Arbeitsstil und Arbeitshaltung?
Viele Eltern berichten z. B., dass ihr Kind nicht mit den Schularbeiten beginnen mag, dass es trödelt, „ewig" an den Schularbeiten sitzt, Stifte abbricht und Chaos um sich verbreitet.

Oder sie berichten, dass sie bereits beim Augen- und/oder Ohrenarzt waren, weil der Sohn oder die Tochter sich immer bei den Schularbeiten die Augen reibt, mit der Nase auf den Tisch fällt oder nie richtig hinhört ...
Häufig erzählen die Eltern von schlechter Heftführung, z. B. schreiben die Kinder nicht in den Linien oder noch in ungelenken, eckigen oder riesigen Buchstaben, sie klecksen, streichen oder durchbohren fast das Papier. Hierzu finden sich ebenfalls in den Zeugnissen viele Ermahnungen.
Dann gibt es Kinder, die können das Ende der Zeile nicht einschätzen und schreiben am Heftrand einfach nach unten weiter. Auch über die Art der Fehler wissen Eltern viel zu erzählen wie auch von den verzweifelten Versuchen der Kinder, diese nicht auffallen zu lassen.

Was fiel vor der Einschulung auf?
Hierbei geht es darum, im Gespräch mit den Eltern herauszufinden, was ihnen bei ihrem Kind in der Vorschulzeit besonders aufgefallen ist.

Viele Kinder, die später eine Legasthenie entwickeln, haben die Krabbelphase übersprungen, waren besonders ungeschickt, in ihren Bewegungen zu forsch oder zu ängstlich. Viele lehnten bestimmte (Bewegungs- oder Ball-)Spiele ab. Andere wiederum hatten Schwierigkeiten, z. B. im Wald über einen Baumstamm zu balancieren oder das Radfahren zu erlernen. Manche Kinder sind zwar gute Schwimmer, mögen aber nicht tauchen oder können beim Kraulen Arm- und Beinschlag nicht koordinieren. Auch Musikinstrumente, die gleichzeitig unterschiedliche Bewegungsabläufe erfordern, werden nicht „geliebt".

Aus den Berichten der Eltern oder der Kinder selbst, z. B. über ihre Kindergartenzeit, lassen sich in Verbindung mit den Zeugnisaussagen Rückschlüsse auf unterschiedliche Teilleistungsschwächen ziehen.

Schon in der Vorschulzeit können bestimmte Auffälligkeiten aufgetreten sein.

Was ist bisher geschehen – schulisch, therapeutisch?
Zu einer Bestandsaufnahme gehört unbedingt die Frage nach evtl. schon durchgeführten „LRS"-Fördermaßnahmen oder speziellen Therapien und deren bisherigen Erfolgen.

Bei dieser Frage offenbart sich die ganze Hilflosigkeit von Eltern und Lehrkräften. In der allgemeinen Lehrerausbildung werden immer noch viel zu selten Kenntnisse über Teilleistungsschwächen und deren Folgen (z. B. Legasthenie oder Dyskalkulie) vermittelt.

In der Beratungspraxis zeigt es sich, dass manche Kinder bereits eine wahre Odyssee verschiedenster Förder- und Therapiemaßnahmen hinter sich haben, bevor überhaupt eine gründliche Bestandsaufnahme und Diagnose erfolgt ist.

Welche Tests sind sinnvoll?

Eine Legasthenie muss in jedem Fall testdiagnostisch abgeklärt werden.

Je nach den im jeweiligen Bundesland vorliegenden schulrechtlichen Bestimmungen (Verordnungen, Erlasse) kann für die Gewährung eines Nachteilsausgleiches in der Schule (z. B. Rücksichtnahme im Unterricht, Notenschutz und Fördermaßnahmen) eine testdiagnostische Abklärung der Legasthenie vorgesehen sein. Eltern, die bei ihrem Kind eine Legasthenie vermuten, sollten sich deshalb unbedingt nach solchen Regelungen erkundigen (Schule, Schulamt, Bildungsministerium). Erforderlich können pädagogische, psychologische oder fachärztliche Gutachten sein. Sollten in ihrem Bundesland noch keine speziellen Regelungen und Hilfen existieren, so geben Eltern mit ihren Nachfragen dazu doch wenigstens einen bildungspolitischen Anstoß.

Neben der bereits beschriebenen Bestandsaufnahme ist eine testdiagnostische Abklärung zur Feststellung und Erklärung einer Legasthenie unbedingt erforderlich. Nur so können das intellektuelle Leistungsvermögen eines Kindes und die individuell notwendigen Hilfen genauer eingeschätzt werden. Und nur dann lässt sich eine sicherere Prognose hinsichtlich der weiteren Schullaufbahn geben und ein besseres Gleichgewicht zwischen Über- und Unterforderung bewahren.

Eine testdiagnostische Überprüfung besteht aus der Durchführung von mindestens einem, besser aber mehreren Intelligenztests (oder zumindest mehreren Teilen weiterer Tests), einer umfassenden Rechtschreibüberprüfung mit Fehleranalyse und einer sorgfältigen Leseüberprüfung. Hierbei geht es nicht nur um eine Überprüfung des sinnentnehmenden Lesens (viele Kinder können hervorragend raten), sondern vor allem um Lesegenauigkeit bei entsprechender Lesezeit. Weitere Tests können z. B. Auskunft geben über das Vorliegen einer wirklichen Konzentrationsschwäche oder einer Schulangst.

Für eine umfassende Diagnose werden aus den Tests unterschiedliche Merkmale (Differentialdiagnostik) erfasst. Je mehr Kriterien für das Vorliegen einer Legasthenie sprechen, desto übereinstimmender wird das Bild und umso genauere Voraussagen zur Schullaufbahn und zur individuellen Förderung (Förderdiagnostik) lassen sich machen.

Erforderliche Tests

Zu einer umfassenden Diagnose gehören:

Feststellung der Begabungshöhe, z. B. mit folgenden Tests:
- CFT 20 (Culture Fair Intelligence, Skala 2)
  (Achtung: Kinder mit visuellen Schwierigkeiten können wegen des Testmaterials Schwierigkeiten mit der Aufgabenstellung haben. Bei niedrigen Ergebnissen und Verdacht auf visuelle Probleme sollte mit anderen Verfahren nachgetestet werden.)
- HAWIK-R und neu HAWIK III (Hamburg-Wechsler-Intelligenztest für Kinder)
- P-S-B (Prüfsystem für Schul- und Bildungsberatung)
- K-ABC (Kaufmann Assessment Battery for Children, deutsche Version)

Feststellung der Rechtschreibfertigkeit mit Fehleranalyse, z. B.:
- Diagnostische Bilderlisten (Klasse 1 und 2)
- DRT 1, 2, 3 (Diagnostischer Rechtschreibtest Klasse 1–3)
- WRT 4/5 (Westermann Rechtschreibtest für 4. und 5. Klasse)
- WRT 6+ (Westermann Rechtschreibtest Ende 5. und höhere Klassen)

Standardisierte Tests erlauben genaue Rückschlüsse auf die Art der Beeinträchtigung.

39

Feststellung der Lesefertigkeit, z. B.:
– ZLT (Zürcher Lesetest für die Klassen 2–6)
– SLRT (Salzburger Lesetest für 1.– 4. Klasse)
– HAMLET (Hamburger Lesetest)

Tests zur Erfassung von Teilbereichen der visuellen und auditiven Wahrnehmungsverarbeitung, z. B. aus den HAWIK-R-Untertests:
– Bilderordnen (BE)
– Mosaiktest (MT)
– Zahlen-Symbol-Test (ZS)
– Zahlennachsprechen (ZN)

Überprüfung der Sprache:
– Mottier-Nachsprechprobe
– Bremer Artikulationstest (BAT)
– Bremer Lautdiskriminationstest (BLDT)

Zu einem umfassenden Gutachten gehören neben der Auswertung der standardisierten Tests die bereits erwähnten
– Daten zur Vorgeschichte (Anamnese) aus der Elternbefragung (z. B. zur Entwicklung von Sprache und Motorik),
– Daten aus der Lehrerbefragung (Lern- und Arbeitsverhalten) und Hinweise auf Zusammenhänge mit der Schulleistungsentwicklung und dem aktuellen Leistungsstand in verschiedenen Fächern.

Wer führt die Diagnostik durch?

Ansprechpartner für die Diagnostik ist zunächst einmal die Schule.

Sofern dies nach den schulrechtlichen Regelungen des jeweiligen Bundeslandes überhaupt vorgesehen ist, kann eine Testdiagnostik von speziell dafür ausgebildeten Pädagogen, z. B. spezialisierten Sonderschullehrkräften oder so genannten „LRS"-Lehrerinnen und -Lehrern vorgenommen werden. Abgesehen von den unterschiedlichen Rechtsgrundlagen der einzelnen Länder ist allerdings auch die entsprechende Aus- und Fortbildung von Lehrkräften nicht gesichert, ganz zu schweigen von der Zuteilung entsprechender Stunden. So können Schulen – wenn überhaupt – lediglich eine Grobdiagnose leisten. Vorbildlich ist die Situation in Mecklenburg-Vorpommern. Dort werden „LRS"-Lehrkräfte im Multiplikatorensystem intensiv fortgebildet und erhalten nach Abschluss ein entsprechendes Zertifikat. Auch einige andere Bildungsministerien haben die Notwendigkeit erkannt, bessere Voraussetzungen zu schaffen, damit Kindern mit ausgeprägten Lese-Rechtschreibschwächen innerhalb des Schulsystems angemessener geholfen werden kann.

Außerschulisch können sich Eltern an den schulpsychologischen Dienst sowie an niedergelassene oder in Kliniken tätige Diplompsychologen sowie Kinder- und Jugendpsychiater wenden. Letztere werden vor allem dann gutachterlich tätig, wenn unter bestimmten Voraussetzungen eine Kostenübernahme für eine außerschulische Legasthenie-Förderung beim Jugendamt beantragt werden soll.

Wie geht es weiter?

Der nächste Schritt nach Bestandsaufnahme und Diagnose ist die Erstellung eines umfassenden schriftlichen Gutachtens. Schüler oder Schülerin und möglichst beide Eltern sollten aber auch sofort nach der Testdurchführung erste Ergebnisse in verständlicher Form erklärt bekommen. Keinesfalls darf sich diese Erklärung auf die bloße Mitteilung der erhobenen Testwerte beschränken. Vielmehr müssen Stärken und Schwächen aufgezeigt und Zusammenhänge innerhalb der gesamten Bestandsaufnahme deutlich gemacht werden. Natürlich sind nicht alle Legastheniker hoch begabt und Legasthenie ist kein „Talentsignal". Aber endlich von einer neutralen Person nach gründlicher Abklärung zu erfahren, dass die hartnäckigen Probleme mit dem Lesen und Schreiben nicht auf „Dummheit oder Faulheit" beruhen, sondern dass „nur" eine Legasthenie vorliegt, gegen die man etwas unternehmen kann, befreit viele Kinder und ihre Familien von einer ungeheuren Last. Auch jugendliche und erwachsene Legastheniker, denen man – endlich – ihre Probleme und deren Zusammenhänge anhand der zusammengetragenen Befunde erklären kann, berichten in der Regel von einer großen Erleichterung und neuer Motivation „die Sache in den Griff zu bekommen".

Als Basis für die weitere Therapie ist ein umfassendes Gutachten erforderlich.

Grundlage jeder Hilfe ist Problemverständnis. Deshalb sollten Eltern unbedingt nachfragen, wenn nach der testdiagnostischen Überprüfung noch Unklarheiten bestehen. Denn schließlich müssen sie später ihr Wissen an Kind und Familie weitergeben und in die Zusammenarbeit mit der Schule einbringen können!

Mit Blick auf die schon beschriebene Misserfolgsleiter (siehe Seite 34 ff.) stellt sich dann die Frage, an welcher Stelle eingegriffen bzw. der/die Betroffene abgeholt werden kann. Häufig muss ein ganz neuer Anfang gemacht werden, der durchaus heißen kann:

– Erst einmal aufhören mit dem Üben! (Das kann auch für nicht der Problemlage angemessene Kursangebote gelten.)

– Abstand gewinnen!

– Sich „schlau machen" zum Thema, Informationen sammeln,

– Ansprechpartner, Selbsthilfegruppe, Fachleute suchen,

– psychische Folgen des Misserfolgs (ggf. mit fachkundiger Begleitung) aufarbeiten,

– einen Neuanfang suchen mit Kind und Schule.

Die richtige Hilfe

Wenn die Diagnose „Legasthenie" feststeht, atmen viele Betroffene erst einmal auf: Endlich besteht Klarheit und die Schwierigkeiten können gezielt angegangen werden. Doch oft tauchen neue Probleme auf, denn es ist gar nicht so einfach, den richtigen Weg zur Hilfe zu finden.

Wer kann helfen?

Häufiger als in manch anderen Problembereichen müssen bei der Hilfe für Menschen mit Legasthenie verschiedene Fachbereiche und Behörden zusammenarbeiten.

Gefordert sind die Schule, die Schulbehörde und letztlich auch die Bildungspolitik, aber natürlich auch die Eltern und evtl. spezielle Therapeuten.

Für die Diagnostik müssen speziell ausgebildete Pädagogen, Psychologen und Fachärzte (vor allem Kinderärzte, Kinder- und Jugendpsychiater, Augen- und Ohrenärzte) tätig werden.

Für Förderung und Therapie wird aufgrund der verschiedenen Teilleistungsschwächen und ihrer individuellen Ausprägung als Auslöser einer Legasthenie im Einzelfall unter einem noch breiter gefächerten Kreis von Spezialisten auszuwählen sein.

Hierzu gehören pädagogisch ausgerichtete Fachkräfte für die Förderung, spezialisierte Psychologen und dem Gesundheitsbereich zuzuordnende Therapeuten (z. B. Ergotherapeuten, Logopäden u. a.) „für Seele und Körper".

Werden Leistungen in diesem außerschulischen Feld in Anspruch genommen, ist vorab immer die Frage der Kostenübernahme zu klären. Dazu müssen Krankenkassen und Sozialbehörden, insbesondere Jugendämter und letztlich Gesundheits- und Sozialpolitik angesprochen werden.

Für Eltern ist es oft nicht leicht, den richtigen Ansprechpartner zu finden. Aus diesem Grund ist es unerlässlich, sich vor einer möglichen Therapie einen umfassenden Überblick über bestehende Fördermöglichkeiten zu verschaffen und die Angebote genau miteinander zu vergleichen.

Gut beraten sind Eltern, wenn sie sich Selbsthilfegruppen von Betroffenen bzw. deren Eltern anschließen oder solche selbst gründen. Hier findet sich meist ein reicher Erfahrungsschatz, sofern diese Gruppen unter eigener Leitung stehen und nicht von beruflichen Interessen einzelner Fachleute beeinflusst werden.

Hier werden Eltern hoffentlich auch darin bestärkt, dass nicht jedes Kind mit einer Legasthenie zusätzlich zu seiner ohnehin schon zu leistenden Mehrarbeit noch „therapiert" werden muss.

„Hilf mir – aber hilf mich nicht kaputt"
Hilfen für Legastheniker müssen sich am individuellen Störungsbild orientieren, d. h. sie dürfen sich nicht auf das wiederholende Üben von Lesen und (Recht-)Schreiben beschränken!

– Spezielle Hilfen für Legastheniker helfen auch Menschen mit anders gelagerten Lese-, Schreib-, und Rechtschreibproblemen – aber nicht umgekehrt!

– Sachwissen und Problemverständnis, Rückschlüsse aus der Zeugnisübersicht, Beobachtungen zum Arbeitsverhalten runden schließlich zusammen mit einer Fehleranalyse sowie der Beurteilung vorschulischer Entwicklung und bereits durchgeführten Maßnahmen aus Rechtschreib- und Lesetest im Rahmen der Legastheniediagnose das Bild ab. Hieraus ergibt sich die Grundlage für eine zielgerichtete individuelle Hilfestellung.

– Die Bereitschaft zur Zusammenarbeit von Schule und Elternhaus sowie

– das aktive Einbeziehen des Schülers bzw. der Schülerin sind wichtige Voraussetzungen für den Erfolg.

Hilfen in der Schule

Die Hilfe für ein Kind mit Legasthenie muss zuerst in der Schule ansetzen. In ausführlichen Gesprächen zwischen Lehrern und Eltern müssen die schulischen Fördermaßnahmen festgelegt werden. Auch im normalen Unterricht können einige wichtige Maßnahmen ergriffen werden, die dem Kind zugute kommen:

– Das Kind nach vorne setzen (möglichst frontal und ggf. mit dem „richtigen" Ohr zur Lehrperson),

– multimodale Lehrmethoden anwenden (für mehrkanaliges Lernen), maschinengeschriebene, übersichtliche Arbeitsvorlagen zur Verfügung stellen,

– klare Arbeitsanweisungen / -aufträge erteilen.

Schülern und Schülerinnen mit Legasthenie steht eine Schulzeit mit erhöhten Anstrengungen bevor.

45

- Beim Diktat: deutliches Sprechen von einer Stelle aus.
- Mehr Zeit für Lesen und Schreiben (siehe Nachteilsausgleich) zur Verfügung stellen.
- Die Korrektur „nett" (z. B. nicht in roter Farbe, das Wort richtig darüber schreiben) durchführen und
- entsprechend dem individuellen Leistungsfortschritt eine sinnvolle (fehlerorientierte) Berichtigung (keine Abschrift) vornehmen lassen.
- Regelmäßige Gespräche zwischen Lehrern und Eltern (Elternberatung) führen und
- Elternabende für „Legasthenikereltern" durchführen.

Der Notenschutz

Daneben braucht das Kind zur beständigen Motivation und zum Durchhalten als einen wesentlichen Aspekt des Nachteilsausgleichs den so genannten „Notenschutz", d. h. die Aussetzung der Benotung von Rechtschreibleistungen in allen Fächern. Wegen der Kulturhoheit der Länder ist dieses in den entsprechenden Verordnungen und Erlassen äußerst unterschiedlich geregelt. Empfehlungen der Kultusministerkonferenz der Länder (KMK) stammen von 1978 und entsprechen längst nicht mehr dem aktuellen Forschungsstand.

Insbesondere dann, wenn in den Schulen der Verpflichtung zur Förderung aller Schüler – also auch der Legastheniker! – nicht in ausreichendem Umfang nachgekommen wird, ist eine Befreiung von der Zensierung der Rechtschreibung für Schülerinnen und Schüler mit Legasthenie die einzige Chance, eine ihrer sonstigen intellektuellen Leistungsfähigkeit entsprechende Schullaufbahn zu bestehen. Deshalb darf ein solcher Notenschutz auch nicht willkürlich nach einer bestimmten Klassenstufe enden.

Dieser Forderung hat bisher lediglich der Freistaat Bayern in seinen neuen Regelungen Rechnung getragen und den Notenschutz für anerkannte Legastheniker bis zum Ende der Schulzeit (Abitur) ausgedehnt. Diese Regelung ist konsequent. Denn wer würde auf die Idee kommen, einem kurzsichtigen Kind die Brille an einem bestimmten Stichtag wegzunehmen, obwohl er bisher nicht in der Lage war, die Kurzsichtigkeit zu beheben?

Im Dschungel des Therapiemarkts

Ein großes Problem haben Eltern, die für ihr Kind, vor allem wenn es schwer betroffen ist, bei fehlender oder/und nicht ausreichender Hilfe durch die Schule nach einer qualifizierten außerschulischen Förderung suchen. Nachhilfe-, Förder- und Therapieangebote für alle möglichen Schul- und Lebensprobleme haben in den letzten Jahren rapide zugenommen. Das gilt in besonderem Maße für den Bereich „Probleme beim Erlernen von Lesen, Schreiben und Rechnen" sowie für eine Fülle von „Heilverfahren und Techniken" zur Behebung von Teilleistungsschwächen.

Im Bereich der Förderung und Therapie bei Schulproblemen hat sich ein riesiger Nachhilfemarkt etabliert.

Wer nach Hilfe sucht, muss wissen:
– Eine normale Nachhilfe oder Schularbeitenhilfe stellt noch keine ausreichende Legasthenie-Hilfe dar.
– Es muss nicht immer ein großes „Institut" sein; Einzelpersonen bieten häufig eine ausgezeichnete Förderung an.
– Es gibt keinen staatlich anerkannten Ausbildungsberuf für „Legasthenie-Helfer". Viele „ausgebildete" Legasthenie-Trainer, Therapeuten o. Ä. haben eine „private" Ausbildung, häufig im „Mutterinstitut" oder einer angegliederten Einrichtung absolviert. Häufig wird für eine derartige „Ausbildung" nicht einmal eine verwandte fachliche Berufsausbildung vorausgesetzt, denn schließlich wird an den Auszubildenden ebenfalls verdient.
– Qualifizierte Legasthenie-Fachkräfte haben sich in verschiedenen Bereichen und an verschiedenen Orten fortgebildet. Oft haben sie eine langjährige Erfahrung und sind für gute Erfolge bereits bekannt (andere Eltern fragen!). Aufmerksame Nachfrage liegt deshalb im Interesse qualifizierter Förder-Fachkräfte. Man darf daher nach ihrem Wissen, ihrer beruflichen Vorbildung und ihrer speziellen Qualifikation fragen! Und man sollte eine bereitwillige, freundliche und befriedigende Auskunft erwarten dürfen.
– Immer, wenn eine *einzige* Methode oder Technik, dazu noch in kurzer Zeit, „Heilung" verspricht, ist äußerste Vorsicht geboten – weder die Rechtsform einer Einrichtung noch die Aufmachung ein-

schließlich glanzvoller Werbeblätter und Anzeigen oder Zahl und Titel der Mitarbeiter garantieren qualifizierte Hilfe.

– Auch ein Hinweis auf eine Mitgliedschaft in einem Selbsthilfeverband, wie z. B. den Bundesverband Legasthenie, ist nicht von vornherein ein Qualitätsnachweis. So ist die Eigenwerbung mit einer Mitgliedschaft sowohl beim Bundesverband Legasthenie als auch bei der Legasthenie-Liga laut Satzung beider Vereine untersagt. Im Zweifelsfall sollte man sich direkt bei der entsprechenden Organisation erkundigen.

Wonach Sie noch fragen sollten:

Private Förderung kostet oft viel Geld. Eine gründliche Auswahl sollte unbedingt erfolgen.

– Welche Leistungen werden angeboten?
– Testdiagnostik: Welche Tests zu welchem Zweck?
  (Eine Überprüfung der Lese- und Rechtschreibfertigkeiten dient als Fördergrundlage, ist jedoch keine Legasthenie-Diagnostik!)

Welche Bereiche der Förderung werden abgedeckt:
– pädagogisch ausgerichtete Förderung im Lesen und Rechtschreiben,
– Wahrnehmungstraining,
– psychomotorisches Training/Ergotherapie,
– Sprachheiltherapie bzw. -förderung,
– Spieltherapie,
– andere Therapieformen?
– Finden spezielle Methoden Anwendung? Wenn ja, welche?
– Wird mit anderen Fachleuten zusammengearbeitet? Wenn ja, mit welchen (z. B. Kinderärzte, Fachärzte, Psychologen)?
– Welche Person wird die Hilfe durchführen?
– Ist eine konstante Betreuung durch dieselbe Person zu erwarten? Welche Qualifikation hat diese Person?
– Findet eine Zusammenarbeit mit Eltern und Schule statt? In welcher Form?
– Was kostet eine Förder- bzw. Therapiestunde?
– Findet für diesen Preis Gruppen- oder Einzelförderung statt?
– Sind Extraleistungen (z. B. Elternberatung) enthalten oder werden diese gesondert abgerechnet? Zu welchen Bedingungen?

– Wird ein Vertrag geschlossen (über welchen Zeitraum)?
– Vertragstexte sollten sorgfältig gelesen und geprüft werden (nicht vor Ort unterschreiben, mitnehmen und sich ggf., z. B. beim Verbraucherschutz, beraten lassen).
– Vereinbaren Sie eine Probezeit (Ihr Kind soll sich dort wohlfühlen) und kurze Kündigungsfristen.

> Landesregierungen, Kirchen und andere Einrichtungen haben Informations- und Dokumentationsstellen eingerichtet, die sich kritisch mit der breiten Angebotspalette auseinander setzen. Es lohnt sich, dort Informationen einzuholen. Hilfreich sind auch Auskünfte bei Selbsthilfegruppen.

Hilfen zu Hause

Ziel jeder Hilfe ist es, das Kind zur Selbstständigkeit zu führen.

Ziel der täglichen Begleitung des Kindes durch die Eltern sollte sein, von der Umsorgung des Kindes zur Selbstständigkeit zu führen. Das kann ein langer Weg sein, länger als „man" das sonst macht. Besser man stellt sich darauf ein und lässt sich dann von einem schnelleren Erfolg überraschen. Hilfreich kann ein langfristiger Hilfeplan sein, der in Absprache mit dem Kind erstellt und in Etappen der Wegstrecke angepasst wird. Auch kleine Verträge per Handschlag (Einhaltung ist wichtig!) können helfen, kurz gesteckte Ziele (z. B. bei den Hausaufgaben) leichter zu erreichen.

Schülerinnen und Schüler, die Hilfe brauchen, sollten da abgeholt werden, wo sie stehen (vgl. Misserfolgsleiter, Seite 34 ff.).

In der Regel dürften Kinder während der Grundschulzeit von der Hausaufgabenbelastung her noch mehr Freiraum für das zusätzliche Trainieren des Lesens und Schreibens haben als nach dem Wechsel in eine weiterführende Schule, vor allem bei hohem Anforderungsniveau (Realschule, Gymnasium).

Deshalb sind Früherkennung und spezielle Frühförderung durch Schule, Eltern und ggf. fachkundige Hilfe von außen (qualifizierte Förderfachkräfte, spezielle Lese- und Rechtschreibprogramme) bis zum Ende der Grundschulzeit sinnvoll und wichtig.

Natürlich spielt auch der Ausprägungsgrad einer Legasthenie und einzelner Teilleistungsschwächen eine Rolle. Zusätzlich erforderliche therapeutische Hilfe muss individuell entschieden werden, sollte aber eine Hilfe und keine weitere Belastung sein.

Hausaufgaben nach Plan

Wichtig ist es, den Freiraum des Kindes zu beachten – es darf sich nicht alles nur noch „um Schule" drehen.

Wichtige Grundlage für eine langfristige Begleitung ist zunächst die Klärung innerhalb der Familie, wer die geeignete Hilfsperson sein kann, bzw. ob evtl. eine außenstehende Person die Betreuerrolle übernehmen soll.

Eine sinnvolle Bearbeitung der Hausaufgaben sollte Vorrang haben vor einer Fixierung auf zusätzliches Lese-Rechtschreibtraining. Dieses kann ggf. an eine weitere Person (schulische und außerschulische Förderung) delegiert werden.

Viele Übungen (siehe Teil 2 dieses Buches) können in die Hausaufgaben eingebunden oder ganz losgelöst vom Thema Schule als Spiel angeboten werden.

Sehr wichtig für Schülerinnen und Schüler mit Legasthenie ist das Herausfinden und bewusste Anwenden individueller Lern- und Arbeitsstrategien. Auf diesem Weg brauchen sie in der Regel eine einfühlsame, geduldige, aber konsequente Anleitung.

Beste Erfahrungen für Schüler und Schülerinnen vor allem in weiterführenden Schulen wurden von vielen Eltern bereits mit dem Erarbeiten (und Einhalten) eines nach dem jeweiligen Stundenplan erstellten Hausaufgabenplans gemacht.

Gut bewährt hat sich auch eine Hausaufgabenbetreuung durch ältere Schüler oder Schülerinnen der Oberstufe. Sie geben sich in der Regel sehr große Mühe, sind meist sehr motiviert und bemüht, sich mit einigen durch die Legasthenie bedingten Besonderheiten auseinander zu setzen. Viele Legastheniker sind selbst sehr gute Helfer für jüngere Mitschülerinnen und Mitschüler!

Grundsätze der Hausaufgabenhilfe:

– Normale „Nachhilfe" ist keine Erfolg versprechende Hilfe bei Legasthenie. Problemkenntnis und -verständnis des Helfers sind ein Muss, lassen sich bei gutem Willen aber auch jederzeit aneignen.

– Absprachen müssen von Schüler/in und Betreuer/in gemeinsam erarbeitet, getroffen und ständig neu überprüft und ggf. (nach einer Erprobungsphase) geändert werden. Getroffene Vereinbarungen müssen freundlich-konsequent eingehalten werden.

– Kinder mit einer Legasthenie brauchen für die gleiche Leistung bei allen Lese- und Schreibanforderungen mehr Zeit als ihre Mitschüler/innen.

– Deshalb ist insgesamt das Einüben der Zeiteinteilung sehr wichtig.

– Wichtig ist auch ein ruhiger, aufgeräumter Arbeitsplatz ohne Ablenkung. An Getränke und Pausen sollte gedacht werden.

– Eine Fehlerbearbeitung kann im Rahmen der normalen Hausaufgaben erfolgen und geübt werden (z.B. Mitsprechen beim Schreiben, Erkennen, Suchen nach Rechtschreibfehlern und Anwendung von Regeln, Üben des Nachschlagens in Rechtschreibbüchern, z.B. im Duden).

– Lautes, deutliches und dem Schreibtempo (Handbewegung) entsprechendes Mitsprechen beim Schreiben ist hilfreich.

– Bei diesem so genannten „mehrkanaligen" Arbeiten, d.h. Sehen, Hören, Mundbewegung zur Unterstützung der Schreib-/Hand-Bewegung, Lenkung der Aufmerksamkeit auf die Handlung „Schreiben", ist der synchrone und zunächst langsame Ablauf sehr wichtig. Vom lauten Mitsprechen kann nach einiger Zeit über ein Mitflüstern, später die lautlose Bewegung der Lippen, schließlich zum inneren Mitsprechen übergegangen werden. Dieser Weg bleibt für die Betroffenen eine Hilfe in allen Lebenslagen.

– Fehler vermeidend arbeiten: Besser ein zweites Mal hinsehen, bevor sich ein falsch geschriebenes Wortbild einprägt.

– Fehlersammelheft (oder Kartei) zur Fehleranalyse und als Arbeitsgrundlage anlegen.

– Farben zur optischen Gliederung einsetzen (Textmarker).

Ideen und Angebote zu entwickeln, ist eine der wichtigsten Aufgaben aller Helfer! Der Fantasie und dem Ausprobieren sind keine Grenzen gesetzt!

51

- Große Hefte (Linien, Karos) benutzen, evtl. eine Zeile zum richtigen Darüber-Schreiben freilassen.
- Beim Lesen: Eventuell farbiges Plastiklineal als Zeilen- und sogar Buchstaben-„Leitlinie" ausprobieren; den Text nicht völlig abdecken; möglich ist auch abwechselndes Lesen von Betreuer/in und Schüler/in mit anschließender Besprechung des Inhalts (evtl. zweimaliges Lesen mit verteilten Rollen).
- In weiterführenden Schulen sollte dem genauen Erlesen von Sachtexten, Vokabeln und Grammatik, dem Vokabellernen und der Einübung individueller Lern- und Arbeitsstrategien Vorrang vor dem Üben der Rechtschreibung eingeräumt werden.
- Vokabeln für die Fremdsprachen sollten in kleinen Portionen gelernt und häufig wiederholt werden (immer wenn im Hausaufgabenzeitplan etwas „Luft" ist). Dies ist die Grundlage für einen umfangreichen Wortschatz und eine gute mündliche Mitarbeit – bei genügend Selbstvertrauen ein großes Plus vieler Legastheniker!
Dabei sollten zu erwartende Vokabeltests bedacht werden. Keinesfalls sollten die Vokabeln für zwei Fächer direkt nacheinander gelernt oder wiederholt werden.

Faustregeln – keine fertige Gebrauchsanweisung
- Arbeitsweise und Auffälligkeiten beobachten und besprechen.
- Individuelle Lernstrategien „erforschen".
- Hilfen erfinden.
- Reimen, lachen; es darf auch mal etwas mehr „Quatsch" sein ...

Weitere Tipps
- Elterlicher Vermerk unter eine Hausarbeit, falls das Kind überfordert war (Inhalte nacharbeiten).
- Klassenarbeiten kopieren als Arbeitsgrundlage und Fehleranalyse für die Hausaufgaben und als Gesprächsgrundlage für Lehrergespräche.
- Regelmäßige Gespräche mit den Lehrkräften führen.
- Elterngesprächskreis gründen.

Berufsausbildung und Studium

Obwohl inzwischen die ersten Schülerinnen und Schüler, bei denen in den ersten Jahren schulpolitischer Konsequenzen eine Legasthenie festgestellt worden war, selbst als Eltern oder Ausbilder für Berufsausbildung und Studium verantwortlich sind, blieb eine nachschulische Hilfestellung bei Legasthenie bisher noch weitgehend unbeachtet.

Auch in der Berufs-ausbildung kann die Legasthenie ein Handikap sein.

Und obwohl den Berufsschulen durchaus bewusst ist, dass dort viele junge Leute noch Hilfe brauchen, wird nur zögernd wahrgenommen, dass Legasthenie nicht am letzten Schultag auf der bisherigen Schule mit den Schulbüchern abgegeben wird. Dabei kann die Legasthenie auch in der Berufsausbildung ein großes Manko darstellen.

Daher sollten die jungen Menschen, bzw. soweit noch nicht volljährig deren Eltern, selbst in die Offensive gehen.

So hat es sich z. B. bewährt, den Bewerbungsunterlagen für einen Ausbildungsplatz ein Begleitschreiben der Eltern (zugleich ein Beleg elterlicher Fürsorge) oder der Jugendlichen selbst beizufügen, sofern auch am Ende der Schulzeit die Legasthenie noch durch sehr langsames Lesetempo beim Erlesen von Sachtexten und/oder eine hohe Fehlerzahl in der Rechtschreibung eine Rolle spielt. In diesem Begleitschreiben sollte in allgemein verständlicher Form erklärt werden, was Legasthenie ist (siehe Seite 20 f.).

Wichtig ist es auch, sich im Lehrbetrieb oder bei den jeweiligen Berufskammern schon bei der Suche nach einem Ausbildungsplatz über mögliche Nachteilsausgleiche und deren Voraussetzungen – insbesondere bei Abschlussprüfungen – zu erkundigen. Bei den Handwerkskammern sollte es bereits Unterstützung geben.

Auch bei Antritt eines Studiums an Universitäten und Fachhochschulen sollte man sich unbedingt nach Hilfen erkundigen (Studienberater, Behindertenbeauftragte usw.). Das setzt natürlich voraus, dass man bis zum Ende seiner Schulzeit mit seinem Handikap zu leben gelernt hat und sich genügend Selbstvertrauen bewahren konnte.

Verbände, Beratungsstellen, Selbsthilfegruppen

Information, Beratung und Vermittlung finden Eltern bei verschiedenen Institutionen.

Informationen zum Thema „Legasthenie" finden sich an vielen Orten. Doch um Umwege zu vermeiden, ist es ratsam, zunächst nach einem Interessenverband Betroffener Ausschau zu halten.

Als solcher versteht sich der Bundesverband Legasthenie mit Sitz in Hannover. Es gibt inzwischen Landesverbände in allen Bundesländern sowie zahlreiche Anlaufstellen in vielen Kreisen und Städten, zum Teil mit Selbsthilfegruppen.

Im Aufbau begriffen ist als Interessen- und Selbsthilfevereinigung Betroffener und ihrer Angehörigen die Legasthenie-Liga, deren erster Landesverein im Mai 2001 in Schleswig-Holstein ins Leben gerufen wurde (Adressen im Anhang).

Neben umfangreichem Informationsmaterial wie Broschüren und Literaturempfehlungen werden von diesen Interessensverbänden in der Regel auch telefonische und persönliche Beratung angeboten, oder es werden spezielle Beratungsangebote gemacht, z.B. Zeugnissorgentelefon. Hilfestellung wird vielfach gegeben bei der Suche nach Diagnostik, Test- und Fördermöglichkeiten vor Ort oder durch Begleitung und Vermittlung in Konfliktfällen.

Andere neutrale Anlaufstellen sind z.B. kirchliche oder kommunale Erziehungsberatungsstellen oder der schulpsychologische Dienst.

Selbsthilfegruppen sind wichtig

Neben Information, Beratung und fachlicher Begleitung brauchen vor allem Eltern die Möglichkeit zum Erfahrungsaustausch. Hier bieten Selbsthilfegruppen neben einem unerschöpflichen Vorrat an Erfahrungen, „guten" Adressen und Tipps vor allem Verständnis für die Sorgen und Nöte anderer Eltern und Betroffener. Hier finden sich plötzlich Eltern und Kinder z.B. aus derselben Schule, aus einem Sportverein usw. und können eine Notgemeinschaft bilden, die sich gegenseitig stärkt. Unter fachkundiger Begleitung wird auch die Fachkompetenz der Gruppenmitglieder wachsen.

Eine Selbsthilfegruppe sollte daher von den direkt Betroffenen (Eltern, Kindern und erwachsenen Legasthenikern) selbst geleitet und an deren Bedürfnissen ausgerichtet sein. Vom reinen Ausspracheforum bis zu gemeinsamen Freizeitaktivitäten oder einer Standbetreuung auf Aktionstagen reichen dann die Möglichkeiten der Aktivitäten.

Adressen von Selbsthilfegruppen erfährt man über örtliche Selbsthilfe-Kontaktstellen, über lokale Tages- oder Wochenzeitungen, über die Dachverbände der freien Wohlfahrtspflege und der Behindertenverbände, z. B. DER PARITÄTISCHE, die Bundesarbeitsgemeinschaft für Behinderte, das Diakonische Werk und natürlich den Bundesverband Legasthenie sowie die Legasthenie-Liga.

Rechtliche und finanzielle Fragen

Selbstverständlich haben Menschen mit einer Legasthenie auch Rechte. Über die Möglichkeiten, seine Rechte durchzusetzen, wird man ebenfalls sehr viel in Selbsthilfegruppen erfahren.

Allerdings muss man seine bzw. die Rechte seiner Kinder erst einmal kennen. Die schulrechtlichen Regelungen in den einzelnen Bundesländern wird man über den jeweiligen Landesverband erfahren. Dort wird man die entsprechende Verordnung bzw. den Erlass bekommen. Selbstverständlich sollte man in der Schule, im Schulamt oder im jeweiligen Bildungsministerium Auskunft erhalten können. Wegen der Kulturhoheit der Länder und den damit verbundenen bildungspolitischen Vorgaben sind diese schulrechtlichen Regelungen äußerst unterschiedlich. Deshalb müssen Eltern und Betroffene sich – wie in anderen Bereichen auch – politisch als Interessenverband engagieren.

Legastheniker, bzw. deren Eltern, sollten sich umfassend über ihre Rechte informieren.

Wenn innerhalb des Schulsystems keine Hilfe einschließlich Förderunterricht angeboten wird, oder wenn ein Kind besonders schwer von einer Legasthenie betroffen ist, bleibt Eltern nur der Weg, sich neben der selbst möglichen Unterstützung außerhalb der Schule spezielle Hilfe zu suchen. Qualifizierte Hilfe ist jedoch oft sehr teuer.

Sofern nach fachärztlichen Gesichtspunkten bestimmte Begleit-
maßnahmen erforderlich werden (z. B. Ergotherapie), kommt ggf. eine
Kostenübernahme durch die Krankenkassen in Frage. Eine pädagogische Legasthenieförderung übernehmen die Kassen jedoch nicht.

Andere Möglichkeiten der Kostenerstattung bestehen im Rahmen
der Kinder- und Jugendhilfe in der Form einer Eingliederungshilfe nach
§ 35 a SGB* VIII – Kinder- und Jugendhilfe – oder als Hilfe zur Erziehung nach § 27 SGB VIII *Sozialgesetzbuch.

Voraussetzung für eine Kostenübernahme im Rahmen von § 35 a
SGB ist jedoch eine als Folge der Legasthenie bereits eingetretene
oder drohende seelische Behinderung. Dies muss in der Regel durch
ein fachärztliches Gutachten bestätigt werden. Der Bundesverband
Legasthenie hat hierzu ein Merkblatt herausgegeben (siehe Anhang).
Es kann dort angefordert werden.

Der sensomotorische Bereich

Kinder bewegen sich heute nicht mehr genug. Sie erobern ihre Umwelt, Zeit und Raum nicht mehr über ihre Nah- oder Körpersinne, sondern hauptsächlich über ihre Fernsinne Hören und Sehen. Bei Kindern mit Wahrnehmungsproblemen wirkt sich Bewegungsmangel besonders stark aus.

Richtig üben!

Regelmäßig mit Spaß an der Sache üben – dann stellt sich langfristig auch Erfolg ein!

Die Übungen im Praxisteil dieses Buches sind verschiedenen Wahrnehmungsbereichen zugeordnet. Gleichwohl lässt sich eine strikte Trennung nicht immer vornehmen; so kann man z. B. Wortübungen unter visuellen, aber auch unter auditiven Gesichtspunkten sehen. Außerdem wurde versucht, in den einzelnen Kapiteln von den einfacheren Übungen zu den anspruchsvolleren überzugehen. Diese Einteilung ist natürlich nicht generell gültig, da manche Legastheniker wegen ihrer speziellen Probleme Übungen als sehr schwer empfinden, die andere mit „links" erledigen. Als Eltern müssen Sie sich daher nach Ihren Erfahrungen richten und manchmal auch einfach ausprobieren, was für Ihr Kind passend ist. Ebenso schwierig ist es, Empfehlungen für das geeignete Alter zu geben. Es kommt auf die Schulart und das Leistungsvermögen des Kindes an, welche Übungen hilfreich sein können.

Spiele und Übungen kann man für jeden Tag einplanen. Am einfachsten ist es, wenn Sie zusammen mit Ihrem Kind einen Zeitplan erstellen. 15 bis 20 Minuten pro Tag an fünf Tagen in der Woche reichen völlig aus.

> Überfordern Sie Ihr Kind nicht! Machen Sie ihm klar, warum zusätzliche Übung notwendig ist. Nur wenn es freiwillig mitarbeitet, stellt sich auch ein Lernerfolg ein.
>
> Denken Sie immer wieder daran, was das Allerwichtigste für Ihr Kind ist: Lob aus Ihrem Mund für die Anstrengungen, die es unternommen hat, nicht für die Leistung, die es erbringen konnte.
>
> Und seien Sie gelassen, wenn nicht immer alles gleich klappt: Nur aus Fehlern kann man lernen.

Grobmotorik

Kinder mit grobmotorischen Schwierigkeiten sind allgemein unge-schickt. Sie stoßen beim Laufen gegen Hindernisse wie Türrahmen und Stühle, sie können nicht hüpfen, nicht balancieren, stolpern über ihre eigenen Füße, können beim Treppensteigen die Beinbewegungen nicht koordinieren.

Motorische Koordination ist Voraussetzung für das Schreibenlernen.

Die Beherrschung der Grobmotorik ist jedoch nicht nur für das Laufenlernen wichtig, sondern auch Voraussetzung für feinmotorische Bewegungen. Das bedeutet: Wenn Kinder nicht hüpfen können, hat es wenig Sinn, ihnen Schreiben beibringen zu wollen.

Viele der folgenden Spiele können auch bei Kindergeburtstagen gespielt werden; sie sind nicht nur für Kinder mit Wahrnehmungs-störungen, sondern für alle Kinder geeignet.

Fangspiele

Zuerst wird ein Freimal bestimmt, z. B. eine oder alle Wände des Rau-mes. Die Kinder laufen durcheinander. Ein Kind ist der Fänger, der ein anderes zu fangen versucht. Das Freimal gewährt Schutz vor dem Fän-ger. Ein erwischtes Kind wird der neue Fänger. Man muss dabei aus-schließen, dass ein Kind sich nur am Freimal aufhält. Machen Sie des-halb vorher aus, wie viele Sekunden zum Ausruhen erlaubt sind, oder benutzen Sie einen Spruch, auf den hin das Mal geräumt werden muss: „Eins, zwei, drei – Mal ist frei" oder „Dreimal drei ist neun, wer nicht läuft, ist mein".

Fangen mit Freimal

In Abwandlung des obigen Spiels ist der Verfolgte sicher, wenn er eine vorher bestimmte Körperhaltung einnimmt: sich in den Schnei-dersitz setzt, eine Hand oder beide Hände auf den Boden legt, auf einem Fuß steht, mit einer Hand und einem Fuß den Boden berührt oder den Boden nicht mit Händen und Füßen berührt.

Füße hoch!

Hier darf derjenige nicht gefangen werden, der den Boden nicht be-rührt, indem er auf Bank, Stuhl, Tisch steigt. Diese Variante sollten Sie nur spielen, wenn die Kinder genügend Körpergefühl haben, um

Hochhaschen

59

nicht herunterzufallen. Sonst bieten Sie nur niedrige Fußhocker, Teppichfliesen o. Ä. an.

Abwerfen

Der Fänger bekommt einen weichen, leichten Ball (Softball aus Schaumstoff), mit dem er ein Kind, das im Raum herumläuft, abwerfen muss. Das Spiel kann mit oder ohne Freimal gespielt werden.

Wer hat Angst vorm schwarzen Mann?

Das Freimal liegt hinter einer dicken Linie. Der „schwarze Mann" steht im Abstand von 2 – 3 m mit dem Rücken dazu. Die anderen Kinder stehen auf der anderen Seite des Raums in einer Reihe vor dem schwarzen Mann. Jetzt ruft er: „Wer hat Angst vorm schwarzen Mann?" Antwort: „Keiner!" – „Und wenn er kommt?" – „Dann laufen wir!" – „Er kommt!" Los geht es. Läufer, die vom schwarzen Mann gefangen werden, bevor sie das Freimal erreichen, werden auch zu schwarzen Männern. Derjenige, der nach mehreren Durchgängen als Letzter übrig bleibt, wird der neue schwarze Mann.

Staffelläufe

Staffeln liegt der Gedanke zugrunde, dass ein Läufer eine Nachricht zu überbringen hat. Auf langen Strecken müssen sich mehrere Läufer abwechseln. Wenn genügend Teilnehmer vorhanden sind, bildet man zwei Gruppen, die parallel zwei gleiche Parcours durchlaufen müssen. Gewinner kann die schnellste Gruppe sein oder diejenige, die die Aufgaben am genauesten erfüllt hat. Nehmen nur wenige Kinder teil, benötigt man nur einen Parcours und stoppt dafür bei jedem Kind die Zeit.

Rücklaufstaffeln

Das Kind läuft bis zu einer Linie, dreht dort um, ohne sie zu berühren, und läuft dann zu seinem Ausgangspunkt zurück. Statt der Linie kann man auch ein Objekt hinlegen, um das das Kind herumlaufen muss. Wenn Linie oder Objekt berührt werden, muss der ganze Weg noch einmal zurückgelegt werden.

Hier geht der Lauf zwischen zwei Malen hin und her. Die Kinder stehen in zwei Gruppen hinter den beiden Malen. Jeder Läufer läuft nur von einem Mal zu dem anderen, um dann dem folgenden Mitspieler das Staffelholz zu übergeben.

*P*endelstaffeln

Bei beiden Staffelarten gibt es viele Variationsmöglichkeiten:

- Ausgangsstellung im Sitzen oder Liegen,
- Fortbewegung im Hüpfen, Kriechen, Krabbeln, Rückwärts-Gehen,
- anstelle des Staffelholzes einen Schuh, einen Ball, einen Bleistift nehmen, ein (Gips-)Ei auf einem Löffel tragen usw.

Parcours-Rennen

Eine Hindernisstrecke wird aufgebaut: Mit einem Seil wird ein Kreis gelegt, in den man mit beiden Beinen oder nur auf einem hinein- und wieder herausspringen muss, eine Latte, in geringer Höhe waagrecht über dem Boden, muss übersprungen, auf eine (Treppen-)Stufe muss gehüpft, um einen Pfahl herumgelaufen, ein Ball muss hochgeworfen und wieder gefangen werden. Es kommt hierbei nicht auf die Schnelligkeit, sondern auf die exakte Ausführung der Aufgaben an.

*P*arcours-Rennen können die Koordination verbessern.

Weitere Bewegungsspiele:

Empfehlenswerte Bewegungsspiele, die jeder kennt, sind auch Sackhüpfen, Stelzenlaufen und Seilspringen.

Schwingen Sie ein Seil langsam in Wellen auf dem Fußboden. Das Kind versucht, mit einem Fuß auf das Seilende zu treten.

Seiltreten

Man benötigt ein 4 m langes Gummiband, das mit einem Knoten zum Ring geknüpft wird.

*G*ummitwist

Zwei Spieler stellen sich gegenüber in das Gummiband und gehen so weit auseinander, bis es gespannt ist.

In der ersten Stufe umspannt das Gummi die Knöchel, in der zweiten die Kniekehlen und in der dritten die Oberschenkel.

Der dritte Spieler springt in das Gummiband hinein. Die einzelnen Sprünge sind auf S. 62 f. dargestellt.

61

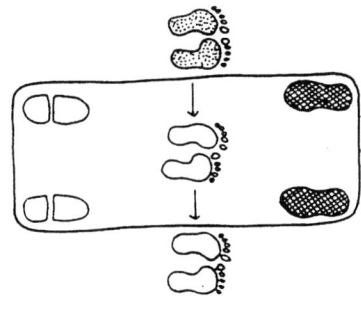

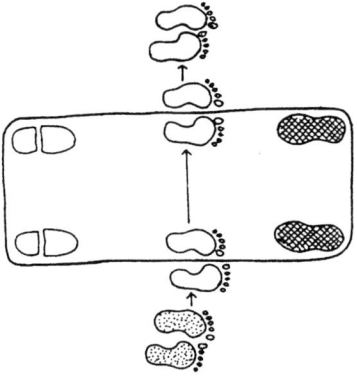

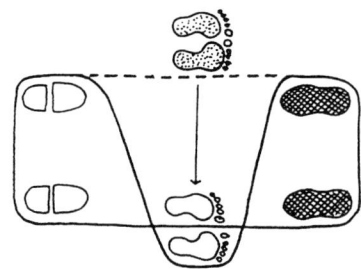

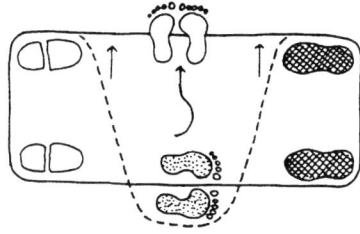

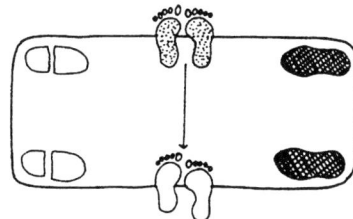

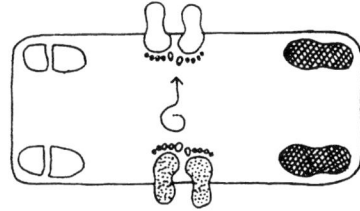

Feinmotorik

Die Finger sind das erste Spielzeug eines Kindes. Alle Mütter und Väter freuen sich, wenn ihr Baby mit seinen Fingern spielt und sie aufmerksam betrachtet. Sie ermuntern es dazu, halten die Händchen fest, berühren die einzelnen Finger, und schon entstehen die ersten Fingerspiele. Dann kommen kleine Reime, passend zu den Bewegungen, hinzu. So erhält das Kind ein Spielzeug, das es immer bei sich hat: auf langen Reisen, im Wartezimmer des Arztes usw.

Sing- und Fingerspiele

Handmotorik und Sprachentwicklung stehen in Verbindung.

Da Sprach- und Handmotorikzentren im Gehirn direkt miteinander verbunden sind, kann durch die Förderung der Handmotorik auch die Sprachentwicklung gefördert werden. Durch die Fingerspiele wird der Wortschatz des Kindes erweitert, Mengen- und Zahlbegriffe werden vermittelt und das Schreiben fällt natürlich auch leichter, wenn die Finger, die Hände und die Arme gut trainiert sind.

Kommt ein Mäuschen,
will ins Häuschen,
will sich suchen:
Käsekuchen!

Fingerspiele können (fast) überall gespielt werden.

Mit Zeige- und Mittelfinger den Arm des Kindes bzw. der Mutter/des Vaters herauflaufen, bei Käsekuchen am Ohrläppchen des Kindes bzw. der Mutter/des Vaters zupfen.

Das ist der Daumen,
der schüttelt die Pflaumen,
der liest sie auf,
der trägt sie nach Haus,
und der ganz kleine Freche,
der isst sie alle auf.
Die rechte Hand ist zunächst zur Faust geballt, dann wird Finger für Finger gestreckt.

64

Zehn kleine Zappelmänner
zappeln hin und her.
Zehn kleine Zappelmänner
finden's gar nicht schwer.
Zehn kleine Zappelmänner
zappeln auf und nieder.
Zehn kleine Zappelmänner
zappeln immer wieder.
Zehn kleine Zappelmänner
zappeln rings herum.
Zehn kleine Zappelmänner
sind auch gar nicht dumm.
Zehn kleine Zappelmänner
spielen gern Versteck.
Zehn kleine Zappelmänner
sind auf einmal weg.
Die Finger beider Hände bewegen sich in der Luft.
Die Finger bewegen sich rauf und runter.
Die Finger beschreiben einen Kreis.
Die Hände werden zur Faust geballt und hinter dem Rücken versteckt.
Zehn kleine Mäusekinder
lauern im Versteck,
zehn kleine Mäusekinder
werden plötzlich keck,
eins, zwei, drei und vier und fünf,
sie kommen ohne Schuh'
und Strümpf',
sechs, sieben, acht,
nun ist es fast schon Nacht
und zum Schluss die Neun
und Zehn,
es wird Zeit zum
Schlafengeh'n.
Da kommt die Katze,
welch ein Schreck!
Und alle Mäuse laufen weg.

Verstecken Sie Ihre Hände unter einer Decke (z. B. einer Bettdecke, da der Reim als Gute-Nacht-Spiel geeignet ist).
Ein Finger nach dem anderen kommt hervor, bis alle da sind.
Plötzlich laufen alle Finger zu dem Kind und krabbeln es.

Lieder, zu denen man sich bewegen kann
Wer will fleißige Handwerker seh'n,
der muss zu uns Kindern geh'n.
Stein auf Stein, Stein auf Stein,
das Häuschen wird bald fertig sein.
Wer will fleißige Handwerker seh'n,
der muss zu uns Kindern geh'n.
Seht wie fein, seht wie fein,
der Glaser setzt die Scheiben ein.
Strich, Strich, Strich, Strich, Strich, Strich,
der Maler malt die Wände frisch.
Zisch, zisch, zisch, zisch, zisch, zisch,
der Tischler hobelt glatt den Tisch.
Rühret fein, rühret fein,
der Bäcker rührt den Kuchen ein.
Poch, poch, poch, poch, poch, poch,
der Schuster flickt im Schuh das Loch.
Mit den Händen werden die Bewegungen der Handwerker nachgeahmt.
Refrain jeweils wiederholen.
Sie werden bestimmt noch einige neue Strophen finden.

Jetzt steigt Hampelmann,
jetzt steigt Hampelmann
aus seinem Bett heraus,
aus seinem Bett heraus.
Oh, du mein Hampelmann,
mein Hampelmann bist du.
Jetzt wäscht Hampelmann,
jetzt wäscht Hampelmann,
sein Hampelmanngesicht,

sein Hampelmanngesicht.
Oh, du mein Hampelmann,
mein Hampelmann bist du.
Jetzt putzt Hampelmann
sich seine Zähne blank.
Jetzt zieht Hampelmann
sich seine Hose an.
Jetzt zieht Hampelmann
sich seine Jacke an.
Jetzt zieht Hampelmann
sich seine Strümpfe an.
Jetzt kämmt Hampelmann
sich seine Haare glatt.
Beim Refrain in die Hände klatschen und sich um sich selbst drehen.
Bei jeder Strophe die entsprechende Bewegung machen.

Wenn Ihr Kind Spaß an den Fingerspielen gefunden hat, können Sie sich eigene Geschichten ausdenken, die man mit den Fingern darstellen kann. Es müssen nicht unbedingt Gedichte oder Lieder sein. Beginnen Sie, eine Geschichte zu erzählen, lassen Sie dann das Kind die Geschichte fortsetzen oder führen Sie miteinander Dialoge.

Ballspiele

Ballspiele sind das beste häusliche psychomotorische Training; leichte Teilleistungsschwächen lassen sich nachweislich reduzieren oder sogar beheben. Tägliches Üben mit dem Ball ist eine Vorübung für Lesen-, Schreiben- und Rechnenlernen. Beginnen sollte man mit einfachen Wurfübungen, die eine koordinierte Arm-Hand-Bewegung erfordern und das Greifen und Loslassen fördern. Für Kinder mit Greifproblemen gibt es Zeitlupenbälle und Bälle mit Zottelfransen zum leichteren Fangen.

Ballspiele sind Vorübungen für das Schreibenlernen.

67

*Z*ielwerfen

Stellen Sie einen Papierkorb in schräger Lage auf. Das Kind soll nun versuchen, einen Ball so hineinzuwerfen, dass er nicht wieder herausspringt. Nehmen Sie verschieden große Bälle, ändern Sie die Entfernung, stellen Sie den Eimer in verschiedenen Höhen auf. Man kann auch andere Dinge werfen: kleine Sandsäckchen, Stoffpuppen, Plastiklöffel …

*K*egeln

Als Kegel dienen Plastikflaschen (Limo, Cola), die zur Hälfte mit Sand gefüllt sind. Nehmen Sie zuerst nur zwei oder drei Kegel, die mit einem gerollten Ball aus geringer Entfernung umgekegelt werden müssen. Erhöhen Sie dann langsam die Anzahl der Flaschen (zu einem vollständigen Kegelspiel gehören neun Kegel) und vergrößern Sie den Abstand zwischen Kegeln und der Stelle, von der aus der Ball gerollt wird.

*B*allschule

Geeignet ist ein mittelgroßer Ball, der gut springt. Der Ball wird gegen eine Mauer/Wand geworfen. Jede Übung wird zehnmal wiederholt, der Ball sollte dabei möglichst nicht auf die Erde fallen:
- mit beiden Händen werfen und fangen
- mit der rechten Hand werfen und mit beiden Händen fangen
- mit der linken Hand werfen und mit beiden Händen fangen
- mit der rechten Hand werfen und mit der linken fangen
- mit der linken Hand werfen und mit der rechten fangen
- werfen, in die Hände klatschen (ein- bis viermal), fangen
- werfen, einmal um sich selber drehen, fangen
- mit dem Rücken zur Wand den Ball über die Schulter werfen, sich schnell umdrehen, fangen
- den Ball mit dem Handteller gegen die Wand schlagen
- mit einer Faust schlagen
- mit gefalteten Händen schlagen
- mit den Unterarmen schlagen
- mit den Knien schlagen

Mehrere Kinder stehen vor einer Wand, ein Kind wirft einen Ball dagegen und ruft gleichzeitig laut den Namen eines Mitspielers, der den

Ball fangen soll. Gelingt diesem das nicht, muss er dem Ball nachlaufen. Wenn er den Ball erwischt hat, versucht er, ein anderes Kind abzuwerfen, das nun den Ball an die Wand werfen muss.

Wandball

Säubern Sie zehn gleich große Konservendosen, umkleben Sie die Schnittkanten mit Klebeband. Die Dosen werden pyramidenförmig aufgestellt: in die unterste Reihe vier Dosen, darauf drei, darauf zwei und eine ganz oben. Mit einem Tennisball müssen die Dosen umgeworfen werden. Wer schafft mit einem Wurf die meisten?

Dosenwerfen

Die Kinder stehen im Kreis, eines steht in der Mitte, wirft den Ball hoch und ruft dabei den Namen eines Mitspielers. Fängt dieser, darf er in die Mitte gehen und den Ball hochwerfen. Fängt er nicht, darf das erste Kind noch einmal werfen. Schwierigere Variante: Die Kinder laufen langsam im Kreis herum.

Namenball

Die Auge-Hand-Koordination
Für das Schreiben ist eine gute Koordination zwischen Hand und Auge unabdingbar. Auch diese kann durch Spiele gefördert werden:

Nehmen Sie den Deckel eines festen Kartons oder ein Tablett mit hohem Rand; die Maße sollten ungefähr 40 x 50 x 5 cm betragen. Füllen Sie eine 2–3 cm hohe Sandschicht hinein. (Vogelsand ist sehr feinkörnig, sauberer Spielkastensand ist für Kinder mit taktilen Problemen besser geeignet.) Am Anfang lassen Sie das Kind mit den Fingern oder einem dicken umgedrehten Bleistift Figuren nach Belieben in den Sand malen. Es werden sich außerdem allerlei Gerätschaften im Haushalt finden, mit denen sich interessante Muster malen lassen, z. B. grobzinkige Kämme, Igelbälle usw. In der zweiten Stufe verstecken Sie kleine Teile im Sand, die das Kind nur durch Ertasten erkennen soll. In der dritten Stufe legen Sie eine Karte mit einer geometrischen Figur, einem Buchstaben oder einer Zahl unter den Sand. Das Kind soll nun vorsichtig mit einem Finger so lange den Sand von der Karte wischen, bis es die abgebildete Figur erkennt. Dann fährt es mit dem Finger die Linien der Figur nach. Durch das Nachfahren prägt

Sandkiste

sich der Bewegungsablauf, der für das Schreiben einer Ziffer oder eines Buchstabens notwendig ist, ein.

Ketten herstellen

Lassen Sie Ihr Kind farbige Perlen zu Ketten auffädeln, zuerst nach Vorstellung des Kindes, dann nach einer vorgegebenen Reihenfolge, z. B. eine rote, zwei grüne, drei blaue. Suchen Sie die Größe der Perlen so aus, dass das Kind die Perlen gut fassen kann. Bei zu kleinen Perlen wird es schnell die Lust verlieren. Die Schnur sollte möglichst fest sein (Paketschnur). Für Kinder mit starken taktilen Problemen sind Pfeifenreiniger statt Schnur geeignet. Knüpfen Sie einen dicken Knoten in die Schnur, damit die Perlen halten. Sie können auch zusammen mit dem Kind eigene Perlen aus farbiger, lufttrocknender Knetmasse (Fimo®) anfertigen. Vergessen Sie nicht, vor dem Trocknen ein Loch durchzustechen. Das Formen der Perlen fördert zusätzlich die Feinmotorik.

Man kann mit Perlen auch kleine Untersetzer herstellen. Dafür sind walzenförmige Glasperlen am besten geeignet. Nehmen Sie als Faden festen Zwirn, fädeln Sie eine ungerade Anzahl Perlen auf, stechen Sie dann in die drittletzte Perle wieder von oben hinein, sodass eine neue Reihe begonnen wird. Verfahren Sie dann nach der Abbildung auf Seite 71.

Alle erwähnten Zutaten erhalten Sie im Bastelgeschäft.

Murmelspiel

Ziehen Sie auf geeignetem Gelände im Abstand von 1–3 m vom Murmelloch einen Strich. Jeder Spieler hat eine bestimmte Anzahl Murmeln, die er hinter dem Strich stehend in das Loch werfen muss. Derjenige, der am häufigsten getroffen hat oder dessen Murmeln am nächsten liegen, darf den zweiten Durchgang beginnen. Mit dem gekrümmten Zeigefinger stößt er eine Murmel so an, dass sie in das Loch rollt. Er darf so lange weitermachen, bis er es nicht mehr schafft, eine Murmel mit einem Stoß in das Loch zu befördern. Dann kommt der Nächste an die Reihe. Gewonnen hat derjenige, der die letzte Kugel in das Loch schiebt. Zur Belohnung darf er alle Murmeln behalten.

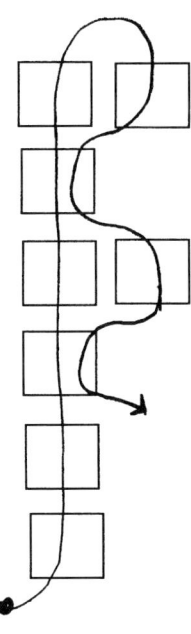

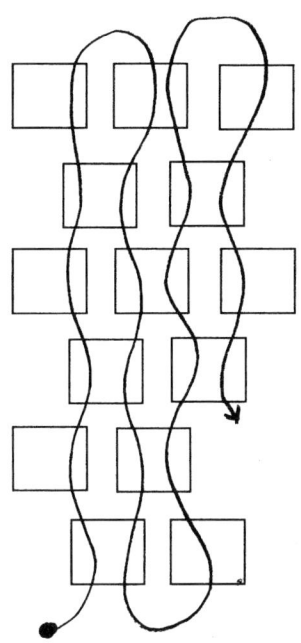

71

*M*agnetauto

Malen Sie eine Straße mit Kurven auf Pappe. Das Kind folgt der Straße mit einem kleinen Metall-Spielauto. Vielleicht mag es die Pappe schön farbig bemalen. Geben Sie dann dem Kind einen Magneten, den es unter die Pappe hält. Das Auto wird auf die Pappe gestellt und nun mit Hilfe des Magneten über die Straße gelenkt. Je kurviger die Straße ist, desto schwieriger wird es. An Kreuzungen muss natürlich angehalten werden.

Die taktile Wahrnehmung

*E*in Kind muss greifen können, bevor es begreifen kann.

Als erster Sinneskanal entwickelt sich die taktile Wahrnehmung bereits in der achten Schwangerschaftswoche und ist beim zweieinhalbjährigen Kind voll ausgebildet. Über die Haut können wir direkt Berührungen, Druck, Temperatur und Schmerzen erfahren. Im Weiteren stellt die taktile Wahrnehmung die Grundlage für jede Materialerfahrung dar und liefert uns Informationen über Ausdehnung und Grenzen unseres Körpers, über Proportionen, Maße und geometrische Formen von Materialien und Gegenständen; sie ist also Voraussetzung für die Formwahrnehmung und Formunterscheidung. Auch Buchstaben und Ziffern sind Formen.

Die Wörter „begreifen" und „erfassen" machen sehr schön deutlich, dass ein Kind „greifen" und „fassen" können muss, um schließlich lernen zu können.

Kinder mit taktilen Störungen schaffen es nicht, ihre Körperteile richtig zu benennen und diese auf Anweisung zu bewegen. Viele von ihnen haben kein Raum- bzw. Mengengefühl; sie haben Schwierigkeiten im körpernahen Umgang mit anderen Menschen; sie müssen sich ständig bewegen, um genügend Reize zu erhalten.

Übungen zur Wahrnehmung des ganzen Körpers

*E*inwickeln

Wickeln Sie das Kind in eine Decke ein, rollen Sie es wieder aus.

*M*assage

Massieren und streicheln Sie den Rücken und, wenn das Kind es erträgt, seinen ganzen Körper.

Rollen Sie mit einem Tennis- oder Igelball in kleinen Kreisen den Rücken und die Arme des Kindes auf und ab.

Ballmassage

Legen Sie Sandsäckchen auf verschiedene Körperteile des Kindes, lassen sie diese dann vom Kind benennen. Kann es das auch mit geschlossenen Augen?

Körperteile spüren

„Zeichnen" Sie mit einem Finger einfache geometrische Figuren, Buchstaben oder Ziffern auf den Rücken des Kindes. Fragen Sie es, was Sie „gezeichnet" haben.

Rückenmalen

Stellen Sie Symbolkärtchen mit den Figuren her, die Sie auf den Rücken zeichnen. Lassen Sie Ihr Kind die gezeichnete Figur heraussuchen. Wichtig: Nach jedem Zeichnen muss der Rücken wieder mit der Hand „abgewischt" werden.

„Schreiben" Sie wie beim „Rückenmalen" (s. o.) auf dem Handrücken des Kindes. Es sollte dabei die Augen schließen.

Handmalen

Trampolinspringen fördert die Körperwahrnehmung beträchtlich. Kleine Trampoline sind in Sportgeschäften erhältlich.

Trampolinspringen

Lassen Sie Ihr Kind am Schreibtisch zur Abwechslung auf einem Sitzball sitzen.

Sitzball

Lassen Sie Ihr Kind viel schaukeln und wippen.

Schaukeln

Mit dem ganzen Körper wird ein Instrument, eine bekannte Person, ein Beruf dargestellt. Gesprochen wird dabei nicht. Der Mitspieler muss erraten, was dargestellt wurde.

Pantomime

Legen Sie verschiedene Gegenstände in einen Sack oder unter ein großes Tuch. Durch Tasten müssen die Gegenstände erkannt werden.

Tastspiele

Variante: Nehmen Sie Geldstücke; lassen Sie sie verdeckt benennen, der Größe nach sortieren, den Gesamtbetrag berechnen oder einen von Ihnen bestimmten Geldbetrag ertasten.

Weitere Möglichkeiten: verschieden lange Holzstäbchen nach der Länge, verschieden große Spielzeugautos nach der Größe sortieren.

Buchstaben und Wörter mit großen Armschwüngen in die Luft schreiben.

In-die-Luft-Schreiben

Mit großen Schwüngen auf einer Tafel oder auf Papier schreiben. (Makulaturpapier oder Malerabdeckpapier kann man mit Malerkrepp an einer Wand befestigen.)

Schwungübungen

Übungen zur Beweglichkeit der Hand
2 Tassen Mehl, 2 Tassen Salz, 1 Tasse Wasser
mit beiden Händen gut mischen, möglichst lange kneten und dann Figuren daraus formen. An der Luft braucht der Teig mehrere Tage zum Trocknen, bei 50° C im Backofen einige Stunden. Danach kann alles mit Wasserfarbe angemalt werden.

Salzteig herstellen

Geeignet sind: Plätzchenteig, Ton, Plastilin, „Playdoh"-Knetmasse®, Wachs. Auch mit Sand gefüllte Luftballons kann man kneten.

Kneten mit verschiedenen Materialien

Zwei Spieler schlagen gleichzeitig mit der Faust drei Takte in die Luft und zeigen auf „drei" jeder ein Handzeichen für: Stein (geballte Faust), Schere (ausgestreckte, gespreizte Zeige- und Mittelfinger) oder Papier (flache Hand). Den Punkt macht der Spieler mit dem „überlegenen Gegenstand": Stein zerschlägt Schere, Schere schneidet Papier, Papier wickelt Stein ein.
    Einfachere Variante: Die Spieler halten eine Hand auf dem Rücken und formen dort Stein, Schere oder Papier. Auf „drei" werden die Hände nach vorn gestreckt.

Knobeln

Zeige- und Mittelfinger einer Hand werden auf den Daumenballen gelegt und mit dem Daumen fest gegen die Hand gedrückt. Mit den beiden freien Fingern (Ringfinger und kleiner Finger) soll jetzt ein Gegenstand aufgenommen werden. Man kann auch versuchen, ein Taschentuch aus der Tasche zu ziehen.

Taschendieb

Riesenhand

Vier Streichhölzer werden zwischen die Finger einer Hand geklemmt. Das erste Streichholz befindet sich zwischen dem kleinen Finger und dem Daumen, das zweite zwischen Daumen und Ringfinger, das dritte zwischen Daumen und Mittelfinger und das vierte zwischen Daumen und Zeigefinger. Ohne Hilfe der anderen Hand soll ein Streichholz nach dem anderen auf der Schmalseite einer Streichholzschachtel abgelegt werden.

Tipp: Nehmen Sie zuerst nur zwei Hölzchen.

Der auditive Bereich

Es gibt Legastheniker, die sehr viel reden; die meisten aber versuchen, sich mit möglichst wenigen Worten mitzuteilen. Lassen Sie sich nicht auf Zeichensprache ein, ermuntern Sie Ihr Kind zum Sprechen. Wichtig ist es, dass Sie Ihrem Kind viele Sprechanlässe geben.

Sprachspiele

Mit Sprache kann man spielen – das macht Spaß!

Sicher im Umgang mit Sprache wird nur, wer viel redet. Gerade Legastheniker sollten immer zum Reden angehalten werden, um sich dieses Werkzeug besser anzueignen und Sprachgefühl zu entwickeln. Auf Fehler sollte man zunächst nicht weiter eingehen. Das Kind soll vielmehr Spaß am Formulieren und Sich-Ausdrücken bekommen und seinen Wortschatz und sein Lautverständnis erweitern. Mit Spielen gelingt dies besonders gut.

Bei den meisten der folgenden Übungen kann auch Ihr Kind die Aufgaben stellen, wenn es verstanden hat, worum es geht.

Ganz wichtig: Buchstaben immer lautieren, niemals buchstabieren, also niemals „er", sondern „r" sagen.

Tipp: Schreiben Sie sich die Wörter oder Sätze, die Sie verwenden wollen, vor dem Üben auf, damit Sie nicht auf einmal „wortlos" sind.

Wörterkette

Geben Sie ein Wort vor, z. B. Eimer. Dieses Wort hört mit „r" auf; Ihr Kind muss nun ein Wort finden, das mit „r" anfängt: Regen. Jetzt suchen Sie eines mit „n" usw. Für das Kind ist es einprägsamer, wenn immer der Satz gesprochen wird: „Das Wort endet mit ‚r', also muss mein Wort mit ‚r' anfangen – Regen." Sie können dabei erkennen, welche Fehler das Kind macht, bzw. ob es vielleicht einzelne Buchstaben nicht richtig hört.

Variationen: Nur eine Wortart oder nur Wörter aus bestimmten Bereichen benutzen.

Kofferpacken

Vor jeder Reise steht die lästige Aufgabe des Kofferpackens. Um nichts zu vergessen, muss man sich in Gedanken eine Liste anlegen. Der Erste der Runde sagt: „Ich packe in meinen Koffer ein Kleid." Der Nächste schließt an: „Ich packe in meinen Koffer ein Kleid und einen Regenschirm." Der Nächste: „Ich packe in meinen Koffer ein Kleid, einen Regenschirm und einen Ball." Der Nächste: „Ich packe in meinen

Koffer ein Kleid, einen Regenschirm, einen Ball und …" Es wird so lange eingepackt, bis ein Mitspieler die Gegenstände nicht mehr der Reihe nach aufsagen kann. Falls Sie selber ein schlechtes Gedächtnis haben, nehmen Sie einen Kassettenrekorder zu Hilfe oder schreiben Sie die Liste auf.

Variante: Aus dem Urlaub heimgekommen, muss man den Koffer auch wieder auspacken – das Spiel also rückwärts spielen.

Super-Satz

Der erste Spieler sagt ein Wort. Der Nächste wiederholt es und hängt ein eigenes an usw. Der entstehende Satz sollte einen Sinn ergeben, darf aber lustig sein.

Märchenstunde

Ein Mitspieler sagt einen Satz. Der Nächste wiederholt diesen und hängt einen eigenen Satz daran. So können die schönsten Fantasiegeschichten entstehen.

Verboten

Ein Teilnehmer erzählt eine Geschichte, dabei darf er einige Wörter (3–5), die vorher ausgemacht wurden, nicht benutzen. Das können Wörter wie „und" oder „nicht" sein. Man kann auch ein Thema vorgeben, z.B. eine Fußballgeschichte, in der die Wörter Ball, Stürmer und Rasen nicht vorkommen dürfen.

Erde, Feuer, Wasser, Luft

Die Spieler sitzen im Kreis. Einer hat einen Ball, wirft ihn einem Mitspieler zu und ruft dabei entweder Erde, Feuer, Wasser oder Luft. Der Fänger muss nun schnell ein Tier nennen, das in diesem Element lebt. Er wirft den Ball dann weiter. Bei „Feuer" darf kein Tier genannt werden. Wiederholungen der Tiernamen sind nicht erlaubt.

Ich sehe was, was du nicht siehst

Ein Spieler guckt sich einen für alle Mitspieler sichtbaren Gegenstand aus. Die Mitspieler versuchen, diesen Gegenstand zu erraten und stellen entsprechende Fragen. Als Anfangshinweis kann man die Farbe oder den Anfangsbuchstaben oder eine Eigenschaft des gesuchten Gegenstandes geben:

„Ich sehe was, was du nicht siehst und das ist weiß." (Der Spieler hat sich die Wanduhr ausgesucht.)

1. Rateversuch: „Der Fensterrahmen."

   Antwort: „Nein, ich sehe etwas Rundes."

2. Rateversuch: „Der Teller."

   Antwort: „Nein, ich sehe etwas mit schwarzen Zeichen darauf."

3. Rateversuch: ...

Mein Onkel hat einen Laden

„Mein Onkel hat einen Laden und darin verkauft er etwas, das mit A beginnt. Was ist das?" – „Apfel?" – „Apfelsine?" – „Anorak?" Geantwortet wird nur mit ja oder nein.

3-Wörter-Lied

Suchen Sie ein Lied aus, das alle Mitspieler gut kennen. Nun müssen Sie der Reihe nach singen, aber jeder darf nur drei Wörter singen: Alle meine Entchen – schwimmen auf dem – See schwimmen auf – dem See Köpfchen – in das Wasser ...

Stopp-Wörter

Vor dem Vorlesen einer Geschichte werden ein oder mehrere Wörter bestimmt. Wenn eines dieser Wörter vorgelesen wird, müssen die Zuhörer „Stopp" rufen. Dann wird weiter gelesen.

Es können häufig vorkommende Wörter wie „und" oder „wir" ausgesucht werden oder solche, die für die Geschichte wichtig sind.

Sprach- und Sprechübungen

Unsinn

Denken Sie sich unsinnige Sätze aus. Lassen Sie sie vom Kind verbessern:

„Markus wusch sich mit Schuhcreme die Haare."

„Im Juli sind wir auf unserem Teich Schlittschuh gelaufen."

„Das Pferd hoppelte durch den Wald."

Nacherzählung

Ermuntern Sie Ihr Kind, auf Kassette zu sprechen, z. B. von ihm selbst ausgedachte kleine Geschichten, Erlebnisberichte oder Nacherzählungen. Kritisieren Sie holprige Sätze nicht.

Denken Sie sich Rätsel aus, lassen Sie das Kind raten: *Rätsel*

„Was hat oben eine Wurzel, vorn einen Rücken und an den Seiten Flügel?" – „Die Nase."

„Wer hat immer zwei Löffel dabei?" – „Der Hase."

„Stark und riesengroß waren sie, doch nichts blieb von ihnen übrig als ein paar Knochen. Wer war das?" – „Die Dinosaurier."

Versuchen Sie zusammen mit Ihrem Kind Sätze zu bilden, in denen *Alphabet-Sätze* jedes Wort mit demselben Buchstaben anfängt:

Fischers Fritze fischte frische Fische, frische Fische fischte Fischers Fritze.

Kleine Kinder können keine kleinen Kirschkerne knacken.

Sieben Singvögel singen seltsame Songs.

Wir Waschbären waschen weiße Wäsche, weil wir weiße Wäsche waschen wollen.

Schneiders Schere schneidet scharf, scharf schneidet Schneiders Schere.

Am zehnten Zehnten zehn Uhr zehn zogen zehn zahme Ziegen zehn Zentner Zucker zum Zoo.

Denken Sie sich lustige Zungenbrecher aus. Diese sollen so schnell *Zungenbrecher* wie möglich gesprochen werden. Auch die Alphabetsätze eignen sich dafür. Ihr Kind wird sich sicherlich freuen, wenn auch Sie sich verhaspeln:

Bürsten mit braunen Borsten bürsten besser als Bürsten mit weißen Borsten.

Zwischen zwei Zwetschgenzweigen sitzen zwei zwitschernde Schwalben.

Blaukraut bleibt Blaukraut und Brautkleid bleibt Brautkleid.

Der Potsdamer Postkutscher putzt den Potsdamer Postkutschkasten.

Die Katzen kratzen im Katzenkasten.

Übungen zur Wortschatzerweiterung

Gemeinsamkeiten finden

Zählen Sie mehrere Dinge auf, und bitten Sie Ihr Kind, zu sagen, was sie gemeinsam haben:

- Scheune, Villa, Bungalow: Fenster, Türen, Wände …
- Messer, Gabel, Löffel: braucht man zum Essen.
- Auto, Fahrrad, Flugzeug: haben Räder, man kann etwas damit transportieren.

Kuckucksei

Lassen Sie Ihr Kind erklären, warum eines der genannten Wörter nicht in die Reihe gehört, also das Kuckucksei ist:

- Hose, Hemd, Decke, Jacke (Decke kann man nicht anziehen.)
- lieb, brav, traurig, artig
- grün, gelb, schwarz, heiß, rot
- Apfel, Gurke, Banane, Ananas
  Man kann die Schwierigkeit steigern:
- Stachelbeere, Gurke, Kiwi, Banane (Banane ist nicht grün.)

Assoziationen

Woran denkt das Kind bei:

- Geburtstag? An: Geschenke, Kerzen, Kuchen, spielen …
- Urlaub? An: Meer, Sonne, schlafen …
- Zoo? An: Elefanten, Streichelzoo, Aquarium …
- Stuhl? An: Tisch, Bein, sitzen, kippeln, Holz, hart …
  Bieten Sie nur Begriffe an, die bei Ihrem Kind positiv besetzt sind, keine Begriffe, die mit Schule zu tun haben.

Oberbegriffe suchen

Nennen Sie Ihrem Kind mehrere Wörter und lassen Sie es dazu eine passende Überschrift finden:

- Hund, Katze, Schwein: Tiere
- Apfel, Birne, Banane: Obst
- Hammer, Säge, Beil: Werkzeug

Wie heißt das Wort, das entsteht, wenn man jeweils die folgenden beiden Wörter zusammensetzt?

Puppe	+	Bett	= ?	Puppenbett	
Puppe	+	Schirm	= ?	Puppenschirm	
Puppe	+	Haus	= ?	Puppenhaus	
Fuß	+	Ball	= ?	Fußball	
Kartoffel	+	Salat	= ?	Kartoffelsalat	
Suppe	+	Teller	= ?	Suppenteller	

Doppelwörter bilden

Die obige Übung kann man auch umgedreht durchführen:
Sagen Sie ein zusammengesetztes Wort, das Kind muss es in die beiden Teilwörter zerlegen.

Wörter zerlegen

Wenn man die beiden Teilwörter des Wortes Eiswasser vertauscht, erhält man das Wort Wassereis. Wie geht es bei den folgenden Wörtern? Findet das Kind eigene Wörter?

Wörtertausch

Hauswirt	–	Wirtshaus
Kaffeetüte	–	Tütenkaffee
Hausboot	–	Bootshaus
Milchflasche	–	Flaschenmilch
Mauerstein	–	Steinmauer

Lassen Sie das Kind die Gegensätze suchen:

Wie sind die Dinge?

groß oder klein,	schnell oder …
schwer oder …	Stadt oder …
dick oder …	Mann oder …

Doppelte Adjektive suchen:

Wörter suchen

süßsauer, dunkelgrün, bitterböse …

Wörter finden, die aus einem Adjektiv und einem Substantiv zusammengesetzt sind: himmelblau, kirschrot, zuckersüß …

Nehmen Sie ein kurzes Wort, lassen Sie es durch Vorsilben verändern:

Vorsilben für Substantive finden

– Fahrt: Zufahrt, Abfahrt, Ausfahrt, Durchfahrt, Hinfahrt, Heimfahrt, Anfahrt, Überfahrt …

– Gang: Abgang, Zugang, Ausgang, Weggang, Nachgang, Übergang, Untergang …

*V*orsilben für Verben finden
– laufen: ver-, weg-, ein-, über-
– tragen: weg-, vor-, aus-, ein-
– schließen: ein-, weg-, ver-, aus-, be-, er-, ent-, zu-

Hörübungen

*G*eräusche erkennen

Nehmen Sie verschiedene Geräusche auf Kassette auf: Geräusche aus dem Alltag, Tierstimmen, Wassergeräusche. Ihr Kind soll diese dann identifizieren. Es gibt Kassetten und CDs mit verschiedenen Geräuschen auch im Handel.

*G*eräusche-Memory

Füllen Sie Filmdosen oder Röhrchen von Brausetabletten mit verschiedenen Materialien wie getrocknete Erbsen, Reis, kleine Nägel, Sand, Steinchen. Je zwei Dosen müssen mit der gleichen Menge desselben Materials gefüllt sein. Markieren Sie gleich gefüllte Dosen mit gleichen Farbpunkten auf der Bodenseite. Durch genaues Hinhören beim Schütteln soll das Kind gleich gefüllte Dosen finden.

*H*orch-Spiel

Lassen Sie Ihr Kind die Augen für ein bis zwei Minuten schließen. Es soll sich nun auf alle Geräusche der Umgebung konzentrieren. Anschließend zählt es auf, was es gehört hat. Spielen Sie mit. Wer hat mehr gehört? Sie werden erstaunt sein, wie laut unsere Umwelt ist. Lassen Sie die gehörten Geräusche aufschreiben, um sie besser vergleichen zu können.

*A*ufträge ausführen

Übertragen Sie Ihrem Kind mehrere Aufgaben, die es nacheinander erledigen muss. Man kann dies als Spiel spielen oder in den Alltag integrieren: „Nimm bitte den Kellerschlüssel, hol eine Flasche Saft und ein Glas Erdbeermarmelade aus dem Keller, leg dann den Schlüssel auf den Garderobenschrank und bring Saft und Marmelade in die Küche."

Überfordern Sie das Kind nicht. Probieren Sie aus, wie viele Aufträge es sich gut merken kann. Steigern Sie dann langsam die Anzahl und die Schwierigkeit der Aufträge.

Übungen zum Erkennen von Lauten

Wörter-ABC

Erstellen Sie zusammen mit Ihrem Kind eine ABC-Tabelle. Viele Legastheniker haben Schwierigkeiten, bestimmte Laute zu hören. Suchen Sie nur lautgetreue, einprägsame Wörter aus. Lassen Sie das Kind zu jedem Wort ein Bild malen oder ausschneiden und aufkleben.

Affe	**F**eige	**K**asse	**P**ause	**U**hr
Buch	**G**arten	**L**asso	**Q**ualle	**V**ogel
Chinese	**H**ammer	**M**aus	**R**abe	**W**asser
Dose	**I**gel	**N**ase	**S**onne	**X**ylophon
Ente	**J**äger	**O**ma	**T**afel	**Z**ebra

Anlaut hören

Fragen Sie Ihr Kind nach den Anfangslauten (nicht Buchstaben) von Wörtern. Nehmen Sie zuerst Wörter, die mit Vokalen beginnen:

Amerika, Affe, Ameise, Ader

Egon, Esel, Efeu

Insel, Indien, Indianer

Opa, Oma, Ober, Otto

Wenn Ihr Kind die Vokale gut unterscheiden kann, bieten Sie Wörter an, die mit leicht zu unterscheidenden Konsonanten beginnen:

Maus, Leute, Samen, Nase, Farbe

Dann welche, die mit schwerer zu unterscheidenden Konsonanten beginnen:

Pute, Buch, Gabel, Kamm, Hupe, Tor, Dose

Zuletzt Wörter mit Konsonantenverbindungen am Wortanfang:

Knoten, Frosch, Brot, Freunde, Gras, Tränen, glauben

Anlaute wegnehmen

Erklären Sie, dass es Wörter gibt, bei denen man den Anlaut weglassen kann und die dann ein neues Wort ergeben. Lassen Sie das Wort wiederholen, den Anlaut, der fortfallen soll, lautieren und dann das neue Wort sprechen:

rein	–	r	=	ein
Reis	–	r	=	Eis
Schwein	–	sch	=	Wein
Macht	–	m	=	acht
Waffe	–	w	=	Affe
Darm	–	d	=	arm
dein	–	d	=	ein
Schlamm	–	sch	=	Lamm
Kleber	–	k	=	Leber
Kleider	–	k	=	leider
Schleim	–	sch	=	Leim

Anlaute hinzufügen

Die Übung „Anlaute wegnehmen" kann man auch umgedreht anbieten: „Setz vor das Wort ‚aus' ein ‚L'. Wie heißt das neue Wort?"

Letzter Laut

Sprechen Sie ein Wort vor. Betonen Sie dabei den letzten Laut. Lassen Sie das Wort wiederholen und dann den Laut sagen.

Lautvergleich

Welche Wörter fangen mit demselben Laut, welches mit einem anderen an?

Esel	Emil	*Ameise*	Erbse
Bär	*Puppe*	Ball	Boden
Maus	Meise	Mama	*Nase*
Kleid	Kragen	*Garten*	Kanne

Bei dieser Übung können Sie gut erkennen, ob Ihr Kind ähnliche Laute problemlos unterscheiden kann.

Anlaut ersetzen = gezieltes Reimen

Sagen Sie zu Ihrem Kind: „Ich sage dir jetzt ein Wort – Maus, sag du mir, mit welchem Laut es anfängt." – „Wenn du das ‚M' durch ein ‚H' ersetzt, entsteht ein neues Wort. Wie heißt es?" – „Haus".

Weitere Übungswörter:

Baum	b	–	s	=	Saum
Kanne	k	–	t	=	Tanne
fragen	f	–	t	=	tragen

Reimschiffe beladen

Ein Schiff soll mit möglichst vielen Reimwörtern beladen werden. Geben Sie ein Wort vor, suchen Sie dann gemeinsam (abwechselnd) so viele Reimwörter wie möglich:

Haus: Maus, raus, Klaus, Laus, aus
Traum: Schaum, Saum, Baum, Raum
Mutter: Butter, Kutter, Futter
Band: Sand, Rand, Wand, Hand, Land, Tand, Pfand, Strand
Kunde: Wunde, Runde, Stunde, Funde, Hunde, Munde

Richtiger Reim

Geben Sie ein Wort vor. Aus zwei weiteren, von denen sich eines auf das vorgegebene Wort reimen muss, soll das Kind das Reimwort finden.

Was reimt sich auf:

Hand:	Wand	–	Haus
Tasse:	Saum	–	Masse
Kante:	Teller	–	Tante
Teer:	Meer	–	Teich
hasten:	laufen	–	rasten

Was reimt sich nicht?

Nennen Sie zwei oder drei Reimwörter und dazwischen eines, das sich nicht reimt. Dieses soll das Kind nennen.

Raum   –   Saum   –   Stall   –   Traum
sagen   –   backen –   tragen   –   wagen

Laut im Inneren eines Wortes ersetzen

Die Übung „Anlaute ersetzen" kann man auch mit innenliegenden Lauten anbieten: „In dem Wort Buch hörst du ein ‚U'. Ersetze dieses ‚U' durch ein ‚A'. Wie heißt das neue Wort?" – „Bach".

Band	–	Bund
Hand	–	Hund
lesen	–	legen

Übungen zum Silbenaufbau

Die Erfahrung zeigt, dass legasthene Kinder ein Wort besser erfassen können, wenn sie es in Silben zerlegen. Die in Schulen verbreitete Art, ein Wort durch Klatschen in Silben zu zerlegen, ist für Kinder, die ein schlechtes Rhythmusgefühl haben, sehr problematisch. Viel geeigneter ist das Silbenschreiten, d. h. das bewusste Gehen zu einzelnen Silben (vgl. C. Reuter-Liehr: Lautgetreue Rechtschreibförderung).

Eine weitere Möglichkeit, gerade für ältere Kinder, denen das Silbenschreiten zu kindisch ist, ist das gegenseitige Zuwerfen eines Balls, wobei die Wurfbewegung gleichzeitig mit dem Aussprechen der Silbe erfolgen soll. Auch dabei wird die Worterfassung durch das Zerlegen des Wortes in Silben erleichtert.

Silben zusammenziehen

Sprechen Sie Ihrem Kind Wörter mit deutlicher Silbentrennung vor. Machen Sie eine ganz klare Pause zwischen den einzelnen Silben. Betonen Sie alle Silben gleich stark. Das Kind soll nun das Wort ohne Pausen nachsprechen. Beginnen Sie mit zweisilbigen Wörtern, steigern Sie langsam die Wortlänge.

Ra	sen						
E	le	fant					
Au	to	rei	fen				
Lo	ko	mo	ti	ve			
Son	nen	blu	men	sa	men		
Lin	den	blü	ten	tee	tas	se	
Kar	tof	fel	puf	fer	re	zep	te

Wörter in Silben zerlegen

Die obige Übung kann man auch umdrehen: Das Kind soll versuchen, ein Wort silbenweise auszusprechen. Sie versuchen dann, es zusammenzufügen.

Silben-Memory

Stellen Sie ein Memory aus zweisilbigen Wörtern her, je eine Silbe auf einer Karte. Lassen Sie die aufgedeckten Silben immer laut vorlesen.

Ein einfache Spielvariante besteht darin, die ersten und zweiten Silben getrennt zu legen, so dass immer eine Anfangs- und eine Endsilbe aufgedeckt wird.

Auch ein Memory aus dreisilbigen Wörtern ist machbar, es müssen dann immer drei Kärtchen aufgedeckt werden.

Nehmen Sie ein Mensch-ärgere-dich-nicht-Brett mit Männchen, aber statt eines Würfels stellen Sie Kärtchen her mit ein- bis sechssilbigen Wörtern. Statt zu würfeln wird ein Kärtchen gezogen. Das darauf stehende Wort wird laut vorgelesen und gleichzeitig mit einem Männchen – eine Silbe pro Feld – möglichst rhythmisch gesetzt.

Wörter-Mensch-ärgere-dich-nicht

Die Kärtchen aus dem „Wörter-Mensch-ärgere-dich-nicht" können auch als Memorykarten benutzt werden. Ein Pärchen bilden dann immer zwei Wörter mit derselben Silbenanzahl.

Wörter-Memory

Übungen zur Lautzerlegung

Viel schwieriger, als ein Wort in Silben zu zerlegen, ist es, die einzelnen Laute in diesem Wort zu erkennen. Beim Üben sollte man damit beginnen, Einzellaute zu einem Wort zusammenzuziehen (Synthese) und erst dann, wenn dies klappt, ein Wort in seine Einzellaute zu zerlegen (Analyse).

Sprechen Sie Wörter, zerlegt in einzelne Laute, vor. Beginnen Sie mit einfachen Wörtern:

Laute zu Wörtern

r - u - m

b - a - ll

m - au - s

r - ei - s

Falls es Ihrem Kind nicht gelingt, einsilbige Wörter zusammenzusetzen, üben Sie zuerst nur mit einer Konsonant-Vokal-Verbindung:

m - a, l - a, s - e, m - i, d - o

89

Später sollten auch längere Wörter benutzt werden:

m - a - m - a

r - a - s - e - n

t - u - sch - e

b - a - n - a - n - e

Quatschwörter

Wenn Ihr Kind Laute zu Wörtern zusammenziehen kann, können auch einmal sinnlose Pseudo-Wörter angeboten werden. Das macht Spaß und Sie können kontrollieren, inwieweit die Synthese tatsächlich klappt.

t - a - s - u

r - e - t - i

t - a - b - e - s

n - a - s - i

Hörst du?

Sagen Sie ein Wort, fragen Sie, ob das Kind einen bestimmten Laut in dem Wort hört. Beginnen Sie mit den Vokalen: „Hörst du ein ‚A' in dem Wort ‚Apfel'? Hörst du ein ‚A' in dem Wort ‚Sonne'?"

Lassen Sie das Kind selber Wörter mit den entsprechenden Lauten suchen.

Vorgänger – Nachfolger

Sagen Sie ein Wort: „Regal". Fragen Sie, welcher Laut nach dem „G" kommt. Schwieriger wird es, wenn Sie nach dem vorhergehenden Laut fragen.

Der wievielte Buchstabe ist es?

Sagen Sie ein Wort: „Regal". Fragen Sie, wie der dritte Buchstabe (Laut) heißt.

Nehmen Sie kurze Wörter mit höchstens sechs bis sieben Buchstaben. Zur Abwechslung kann der gesuchte Buchstabe durch einen Würfel bestimmt werden. Dabei muss das Kind erkennen, ob die gewürfelte Augenzahl größer ist als die Anzahl der Buchstaben in dem Wort.

Der visuelle Bereich

Richtig sehen muss man genauso üben wie richtig hören. Wer genau hinsieht, entdeckt viel Neues in unserer Welt – und kann besser lesen und schreiben. Natürlich macht „Sehenlernen" mit Spielen besonderen Spaß!

Sehspiele

Genau hinschauen, exakt beobachten, sich Eindrücke einprägen, sie in Wörter fassen und sie aus dem Gedächtnis wiedergeben zu können – das ist gar nicht so einfach und muss geübt werden. Veranlassen Sie Ihr Kind bei jeder sich bietenden Gelegenheit, genau hinzuschauen – nicht nur in speziellen Spielsituationen. Sie werden selbst erstaunt sein, wie viele Details es auch im Alltag immer wieder neu zu entdecken gibt!

Fliegen-Flug

Setzen Sie sich neben Ihr Kind und stellen Sie sich gemeinsam eine Fliege vor, die durch den Raum fliegt. Sie fliegt vom Fenster zur Tür; von dort zur linken oberen Zimmerecke, dann an die Decke, danach an die rechte Wand. Verfolgen Sie den Flug drei- oder viermal durch den Raum.

Geisterjagd

Sie benötigen für sich und Ihr Kind je eine Taschenlampe. In einem abgedunkelten Raum verfolgt der eine Lichtstrahl den anderen. Wird der Licht-Geist gefangen?

Kugelbahn

Das Kind soll nur mit den Augen, möglichst ohne den Kopf zu bewegen, den Lauf von Kugeln auf einer Kugelbahn verfolgen.

Suchbilder

In vielen Zeitschriften gibt es Suchbilder, bei denen die Unterschiede zwischen zwei Bildern gefunden werden müssen.

Drei Dinge

Ein Spiel für eine Auto- oder Bahnfahrt: Während der Fahrt müssen drei Dinge entdeckt werden: ein schwarzes Auto, eine Brücke, ein Hund oder ein Stopp-Schild, eine Kirchturmuhr, ein Bäckerladen. Wer zuerst alle Dinge gefunden hat, darf die nächsten drei bestimmen.

Seh-Kim-Spiele

Legen Sie auf ein Tablett verschiedene Gegenstände. Beginnen Sie mit vier bis fünf einprägsamen Teilen, z. B. ein Würfel, ein kleiner Ball, ein Löffel, eine Tasse. Die Mitspieler müssen sich alle Dinge gut einprägen. Dann decken Sie das Tablett mit einem Tuch zu. Achten

Sie darauf, dass sich nichts durch das Tuch hindurch erkennen lässt. Nun zählen oder schreiben alle auf, an welche Dinge auf dem Tablett sie sich noch erinnern können. Wer hat die meisten behalten? Steigern Sie die Anzahl der Gegenstände.

Varianten: Welche Gegenstände sind einfarbig, welche sind doppelt vertreten, welches ist der größte/kleinste Gegenstand auf dem Tablett? Nehmen Sie Dinge, die zusammengehören: Büromaterial, Werkzeuge, Besteckteile ...

Vor einem großen Blatt Papier sitzen sich zwei Spieler gegenüber. Jeder zieht von seiner Ecke ausgehend mit einer anderen Farbe eine Linie auf das Blatt. Dabei dürfen sich die Linien nicht kreuzen.

Kreuzungsfrei

Je ein gepresstes, getrocknetes Blatt von Kastanie, Eiche, Buche ... wird auf eine Karte gelegt, die entsprechend groß sein muss (10 x 10 cm), und mit einer Nadel gegen das Verrutschen gesichert. Dann taucht man eine alte Zahnbürste in Wasserfarbe und reibt damit über ein Teesieb, das über das Blatt gehalten wird. Vorsicht, es spritzt! Wenn man das Blatt wegnimmt, hat man einen schönen Blattabdruck auf der Karte. Von jedem Blatt müssen zwei Karten hergestellt werden. Damit kann nun gespielt werden.

Blättermemory

Entweder sucht man in Illustrierten nach gleichen Bildern (Werbung) oder man besorgt sich zwei gleiche Zeitschriften. Aus ihnen schneidet man je zwei gleiche Bilder aus und stellt damit Memory-Karten her. Als Motive eignen sich Gesichter, Tiere, Gemüse, Gebäude oder Wörter.

Zeitungsmemory

Wortübungen

Geben Sie ein Wort vor, z. B. laufen. Jetzt sollen möglichst viele Wörter gesucht werden, die im Wortstamm „lauf" haben: einlaufen, auslaufen, weglaufen, läuferisch, laufend, der Ablauf, der Einlauf, der Läufer, der Laufpass, der Laufstall, der Laufwettbewerb ...

Wortfamilien

Wörterstern

Schreiben Sie ein Wort in die Mitte eines Blattes und zeichnen Sie davon ausgehend Strahlen. Ihr Kind soll nun Wörter finden, die mit diesem Wort beginnen oder aufhören. Entweder diktiert es Ihnen die Wörter oder schreibt sie selber an das Ende eines Strahls. Vielleicht findet das Kind mehr Wörter als Sie Strahlen gezeichnet haben. Am Ende der Übung können alle Wörter noch einmal aufgeschrieben werden.

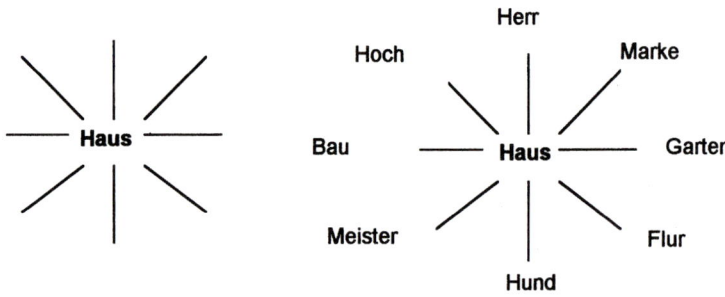

Vorsilben können ebenfalls mit einem Wörterstern geübt werden:

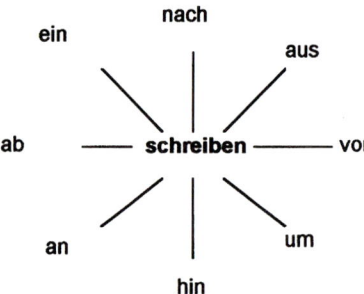

Stellen Sie eine Anzahl Wörterkarten her. An jede Karte stecken Sie eine Büroklammer. Als Angeln dienen Stäbe mit Bindfaden und einem daran befestigten kleinen Magnet, als Aquarium ein Karton, den man anmalen kann.

Angeln

Spielmöglichkeiten:
– Wer hat die meisten Wörter mit „a" geangelt?
– Wer angelt zwei gleiche Wörter?
– Wer hat die meisten Wörter mit Doppellaut?
– Wer hat das längste Wort?
– Wer hat die meisten Silben?

Um der Übung stärkeren Spielcharakter zu geben, kann man auch ein paar „Nieten" mit in das Aquarium geben: einen aus Pappe ausgeschnittenen alten Schuh oder löchrigen Topf.

Schreiben Sie ein Wort senkrecht von oben nach unten und mit Abstand rechts daneben dasselbe Wort von unten nach oben auf. Hiermit sind Anfangs- und Endbuchstaben vorgegeben. Nun müssen die Lücken so mit Buchstaben gefüllt werden, dass sich Wörter ergeben. Die Anzahl der Buchstaben dieser Wörter und die Wortart sind nicht festgelegt.

Gefüllte Leberwurst

L	AS	T	K	OS	T
E	I	S	A	U	S
B	AUE	R	L	A	U
E	FE	U	B	IE	R
R	?	W	S	TAU	B
W	ÖRTE	R	B	U	S
U	LM	E	R	AU	B
R	AU	B	U	RA	L
S	ORG	E	S	AUN	A
T	AFE	L	T	AKTI	K

Fragen Sie nach der Position einzelner Buchstaben in einem Wort, das das Kind vor Augen hat:

„Wie heißt der letzte Buchstabe?" – „Der dritte?" – „Welcher kommt davor?" – „Welcher danach?"

Wo ist der Buchstabe?

Leseübungen

Buchstaben suchen

Schreiben Sie mit Computer oder Schreibmaschine eine oder mehrere Reihen von Buchstaben in gleichmäßigen Abständen auf. Wählen Sie, wenn möglich, eine große Schrift. Lassen Sie nun Ihr Kind bestimmte Buchstaben suchen und farbig einkreisen:

„Kreise alle g gelb und alle b braun ein!"

g b g g d p g g b
d g b p g b b g a

Lassen Sie nicht mehr als drei verschiedene Buchstaben suchen. Es wird sonst zu unübersichtlich.

Bildersuche

Kopieren Sie aus einem bekannten (Bilder-)Buch einige Bilder. Das Kind soll versuchen, diese im Buch wiederzufinden.

Variante: Kopieren Sie eine Überschrift oder einen Absatz.

Rätselmalen

Das Kind soll zu einem Rätsel die Lösung malen:

Er ist kugelrund. Er ist aus Leder oder Gummi. Man kann damit spielen. Man kann ihn prellen oder werfen. Lösung: ein Ball.

Malen nach Beschreibung

Schreiben Sie Ihrem Kind eine Aufgabe auf: Male ein Haus. Es hat zwei Stockwerke. Es hat vier Fenster und eine Tür. Das Dach ist rot. Vor dem Haus ist eine Wiese. Darauf blühen bunte Blumen. Ein Baum steht auf der Wiese. Er hat grüne Blätter. Rote Äpfel hängen in den Zweigen.

Das Kind soll den Text erst laut lesen und dann das Bild malen.

Blitzworttechnik

Sehr kurz gezeigte Wortbilder steigern die Aufmerksamkeit und aktivieren das Gehirn. Ein auf eine Karte geschriebenes Wort wird nur ganz kurz gezeigt. Aus dem Gedächtnis soll das Kind dann lautieren, lesen und wenn möglich auch schreiben.

Wörterhaufen

Legen Sie drei bis vier Wortkarten zugedeckt auf den Tisch. Nennen Sie ein Wort. Decken Sie alle Karten nacheinander kurz auf. Das Kind soll herausfinden, ob das genannte Wort dabei war. Lassen Sie es selber kontrollieren.

Halten Sie zwei Wortkarten mit ähnlichen oder gleichen Wörtern hoch. **Wortvergleich**
Ihr Kind muss erkennen, ob die Wörter gleich oder verschieden sind:
Mutter – Butter, Raum – Baum, Laden – Laden, und – bunt, und –
und, Rosine – Kusine, Wasser – Tasse

Wörter, die Ihr Kind immer wieder falsch schreibt, werden groß und *Wörter der Woche*
farbig auf ein Blatt geschrieben und dann im Zimmer aufgehängt.
Günstig ist die Zimmerdecke direkt über dem Bett, so dass vor dem
Einschlafen noch ein letzter Blick darauf geworfen werden kann. Sie
können auch eine Wäscheleine spannen und die Wörter daran an-
klammern. Diese Methode eignet sich auch zum Lernen von Vokabeln, Formeln, Grammatikbegriffen usw. Hängen Sie die Wörter aber
nur mit Einverständnis Ihres Kindes auf! Es könnte sich sonst durch
den ständigen Anblick der verhassten Wörter wie gefoltert fühlen.

Zerschneiden Sie einen Satz in einzelne Wörter. Legen Sie diese ver- **Wörtersalat**
mischt auf den Tisch. Nun muss der Satz wieder richtig zusammengesetzt werden. Oder kann man auch einen anderen daraus legen?

Für Leseanfänger können Sie ein Memory aus Buchstaben herstellen. *Buchstabenmemory*
Variante: Auf einer Karte steht ein Buchstabe, auf dem Pendant ist
ein Gegenstand abgebildet, der mit diesem Buchstaben anfängt. (Siehe auch Wörter- und Silbenmemory, Seite 88 f.)

Auf einer Karte steht eine Vorsilbe, auf dem Pendant ein Grundwort *Vorsilbenmemory*
(be-halten, ein-kaufen).

Auf einer Karte steht das deutsche Wort, auf dem Pendant die engli- *Vokabelmemory*
sche Übersetzung.

Hierzu benötigt man Wortkartenpaare. Die eine Hälfte der Paare wird *Wörter-Bingo*
verdeckt in einem Stapel auf den Tisch gelegt. Die anderen Karten
werden verteilt und zwar neun, sechzehn oder 25 pro Mitspieler. Es
können auch Karten übrig bleiben. Die verteilten Karten legt jeder
als Quadrat vor sich auf den Tisch, also 3 x 3, 4 x 4 oder 5 x 5. Dazu

erhält jeder Spieler Chips, Pfennige o. Ä. Reihum wird eine Karte aus dem Stapel aufgedeckt und das Wort laut gelesen. Der Spieler, der das Pendant hat, darf dieses mit einem Chip besetzen. Wer als Erster eine Reihe besetzt hat (waagrecht, senkrecht oder diagonal), ruft „Bingo" und hat diese Runde gewonnen. Man kann nun neu mischen und auslegen oder weiterspielen, bis ein Spieler fünf oder zehn „Bingos" hat.

Variante: Die Kärtchen werden nicht mit einem Chip belegt, sondern weggenommen. Dann hat derjenige gewonnen, der keine Karten mehr vor sich liegen hat.

Schreibspiele

*S*chlangensätze

Denken Sie sich Sätze aus, anfangs kürzere, später können es auch längere sein. Schreiben Sie sie ohne Zwischenräume auf:

Allefischekönnenschwimmen.

Das Kind soll zuerst die einzelnen Wörter durch senkrechte Striche voneinander trennen und dann den Satz abschreiben, dabei aber auch auf die Groß- und Kleinschreibung achten. Falls das noch zu schwer ist, schreiben Sie die Substantive im Schlangensatz groß:

AlleFischekönnenschwimmen.

*S*chlangenwörter

Reihen Sie mehrere Wörter ohne Zwischenräume aneinander:

Muttervatertischsuppe oder MUTTERVATERTISCHSUPPE.

Das Kind soll zuerst die einzelnen Wörter durch senkrechte Striche voneinander trennen und dann die einzelnen Wörter abschreiben, dabei aber auch auf die Groß- und Kleinschreibung achten. Diese Übung kann man auch zum Üben von Schwerpunkten einsetzen, z. B. Wörter mit Doppelselbstlaut: SEEBOOTMOOSMEERWAAGE.

*S*tadt – Land – Fluss

Dieses bekannte Spiel kann mannigfach variiert werden. Jeder Spieler hat ein Blatt Papier, auf dem er eine Tabelle mit Begriffen anlegt. Die Begriffe können sein: Stadt, Land, Fluss, Name, Beruf, Lebewesen. Oder: Nomen, Verb, Adjektiv, Präposition. Oder: ein Wort mit Deh-

nungs-h, eines mit langem -ie, eines mit Doppelvokal, eines mit der En-
dung -ung. Oder: ein Begriff aus der Geometrie, einer aus der Algebra,
einer aus der Grammatik. Oder: alles in englisch oder französisch. Ein
Spieler sagt laut „A" und geht dann das Alphabet stumm im Kopf durch,
bis der nächste „Stopp" sagt. Der Erste sagt laut den Buchstaben, bei
dem er gerade angelangt war und alle Spieler füllen ihre Tabelle mit
Wörtern, die diesen Buchstaben als Anfangsbuchstaben haben, aus.
Nach einer festgelegten Zeit oder erst dann, wenn alle fertig sind bzw.
aufgeben, wird vorgelesen, und es werden Punkte verteilt:

20 Punkte für das Wort einer Spalte, in der nur einer ein Wort hat,

15 Punkte für den Spieler, der in jeder Spalte ein Wort hat,

10 Punkte für ein Wort, das kein anderer hat,

5 Punkte für ein Wort, das ein anderer auch hat.

Zeitungsgeschichten

Man schneidet aus einer Zeitung Wörter mit verschiedenen Anfangsbuchstaben aus. Aus diesen Wörtern soll dann eine Geschichte entstehen.

Varianten: Möglichst wenige andere Wörter hinzufügen oder eine
möglichst lange Geschichte schreiben.

Anagramm

Bei Anagrammen versucht man, durch Umstellen von Buchstaben aus
einem Wort ein neues zu machen: ein – nie, Maus – Saum, Blase –
Salbe, leise – Seile.

Zur Vereinfachung nehmen Sie Buchstabenkärtchen oder
-würfel, die man zum Ausprobieren verschieben kann.

Buchstaben hinzufügen

Man schreibt einen Buchstaben auf. Der nächste Spieler muss einen
Buchstaben hinzufügen, so dass sich ein neues Wort ergibt. Der Nächste schreibt einen dritten Buchstaben hinzu.

Die Reihenfolge der Buchstaben darf vertauscht werden.

E	A	B
EI	AN	AB
EIS	RAN	BAR
REIS	RAND	RABE
PREIS	BRAND	RABEN

99

*W*örterpyramiden

Man gibt ein Wort vor und versucht möglichst viele anzuhängen:
Schokolade
Schokoladeneis
Schokoladeneisbecher
Schokoladeneisbecheruntersetzer

*W*örterkette

Hierfür werden nur Wörter benutzt, die sich aus zwei Nomen zusammensetzen. Der zweite Teil eines genannten Wortes soll der erste eines neuen werden:
Puppenhaus
Hauswand
Wandteppich
Teppichfransen

*S*ilbenkette

Hier werden zweisilbige Wörter benutzt. Die zweite Silbe soll zur ersten eines neuen Wortes werden:
Sterne
Neger
gerben
Benzin
Zinsen

*K*reuzworträtsel

Lassen Sie Ihr Kind ein eigenes Kreuzworträtsel herstellen. Die Karos in den Rechenheften sind sehr klein, zeichnen Sie besser ein Gitter auf mit 10 x 10 Kästchen von je 1cm Kantenlänge. (Kopieren Sie es sich, man kann es auch für andere Spiele, z. B. Schiffe versenken, benutzen.)

Am einfachsten ist das waagrechte und senkrechte Ausfüllen des Gitters mit beliebigen Wörtern.

Varianten: Es darf nur eine bestimmte Wortart benutzt werden oder nur Wörter, die zu einem Oberbegriff gehören.

Man kann auch zu zweit spielen, indem die Mitspieler verschiedenfarbige Stifte benutzen. Am Schluss wird gezählt, wer mehr Buchstaben eingetragen hat.

Ein kurzer Satz wird aufgeschrieben. Durch Hinzufügen von Wörtern an beliebiger Stelle soll ein langer Satz entstehen. Der Satz kann durch Hinzufügungen seinen Sinn ändern.

Das Auto fährt.

Das Auto fährt schnell.

Das grüne Auto fährt schnell.

Das grüne Auto fährt schnell weg.

Immer länger

Nehmen Sie einen Text, schreiben Sie ihn ab und lassen dabei alle Wörter einer Wortart weg, z. B. alle Adjektive. Ihr Kind soll nun passende Wörter dieser Wortart in die entstandenen Lücken einfügen. Am Schluss vergleichen Sie gemeinsam mit dem Originaltext. Hat sich der Sinn geändert?

Ergänzen

Man schreibt auf Kärtchen je eine Silbe von zwei- bis fünfsilbigen Wörtern in Großbuchstaben. Die Kärtchen werden gemischt und offen auf den Tisch gelegt. Ihr Kind soll nun möglichst viele Wörter aus den Silben bilden und aufschreiben. Vielleicht kann man auch einige der Wörter zu einem ganz langen Wort zusammenlegen:

KAR – TOF – FEL   RE – ZEP – TE   PUF – FER = KARTOFFELPUFFER-REZEPTE

Silbenrätsel

Sprache gestalten

Das Erstellen schriftlicher Texte bereitet allen Kindern Schwierigkeiten. Generationen von Lehrern mühten sich, den Kindern beizubringen, einen Aufsatz zu schreiben. Legastheniker versuchen gern, diese Arbeiten so kurz wie irgend möglich zu gestalten. Hier finden Sie einige Anregungen für den Weg vom Erzählen zum Aufsatz.

Suchen Sie aus einem Märchenbuch ein Märchen aus, bei dem ein Bild den Höhepunkt darstellt. Lassen Sie sich das Bild von Ihrem Kind beschreiben. Dann lesen Sie das Märchen vor und bitten das Kind zu sagen, wann die Bildstelle vorgelesen wird. Nach dem Vorlesen sollte das Kind das Märchen nacherzählen. Dann können Sie zusammen Wortlisten mit Wörtern aus dem Märchen erstellen. Mit Hilfe dieser

Märchen

Listen kann das Kind eine kurze Nacherzählung schreiben. Auch eine Bildbeschreibung des zu Beginn betrachteten Bildes bietet sich an.

*G*eschichten

Lesen Sie eine Geschichte vor, lassen Sie das Kind den Schlussteil erzählen. Hierbei können Sie eine bekannte Geschichte nehmen oder das Kind bei einer unbekannten den Schluss erfinden lassen.

*B*eschreibung

Beschreiben Sie – mündlich oder schriftlich – einen Gegenstand, z. B. ein Spielzeug, ein Kleidungsstück. Lassen Sie dann das Kind diesen Gegenstand aufmalen. Man kann die Rollen natürlich auch vertauschen. Sie werden feststellen, wie schwierig eine gute Beschreibung ist.

*G*ebrauchsanweisung

Nicht nur Dinge, auch Vorgänge lassen sich beschreiben, z. B.: Wie falte ich einen Papierflieger? Wie backe ich einen Pfannkuchen?

*S*chreibanlässe

Bieten Sie ständig Schreibanlässe. Es gibt mehr, als man denkt: Einkaufslisten, Wunschzettel zu Weihnachten und zum Geburtstag. Versuchen Sie, Ihrem Kind das Briefeschreiben schmackhaft zu machen. Eine kurze Ansichtskarte an die Großeltern aus dem Urlaub, eine Einladung an Freund oder Freundin zu unterschiedlichsten Anlässen: Geburtstagseinladung, Einladung zum Übernachten, zum Eisessen, zum Zoobesuch. Hier bietet sich der Computer als Schreibhilfe an; mit ihm kann man die Schreiben zusätzlich mit Bildern verzieren. Nutzen Sie den Computer, zeigen Sie, wie einfach es ist, eine E-Mail zu verschicken. Bei Emails legt niemand Wert auf Rechtschreibung.

3-Wörter-Geschichte

Geben Sie Ihrem Kind drei Wörter vor, um die herum es eine Geschichte entwickeln soll. Eine Überschrift muss natürlich auch gefunden werden.

*M*eine Sicht –
deine Sicht

Lesen Sie Ihrem Kind eine Geschichte vor, die es dann aus einer anderen Perspektive erzählen soll. Das Märchen „Hänsel und Gretel" könnte Ihr Kind aus Sicht der Gretel, der Mutter oder der Hexe erzählen.

Konzentrations- und Entspannungsübungen

In unserer reizüberfluteten Umwelt wird es nicht nur für Erwachsene, sondern auch für Kinder immer schwieriger, sich zu konzentrieren und zu entspannen. Durch geeignete Spiele kann man Kindern diese wichtigen Fähigkeiten vermitteln.

Konzentrationsübungen

Konzentrationsübungen können helfen, die Aufmerksamkeit zu steigern, sie über einen längeren Zeitraum hinweg auf einen Gegenstand oder auf eine Bewegung zu lenken. Zu beachten ist, dass Konzentration nicht nur im Kopf stattfindet, man muss sich auch auf seinen Körper konzentrieren können.

Konzentrationsübungen für den Kopf

Auswendiglernen fördert die Konzentrationsfähigkeit.

Eine geeignete Übung zur Konzentrationsförderung ist das – heute leider oft vernachlässigte – Auswendiglernen von Kinderliedern und Gedichten.

Heile, heile Gänschen,
das Kätzchen hat ein Schwänzchen.
Heile, heile Mausespeck,
in hundert Jahren ist alles weg.

Mama, gib mir Butterbrot,
Butterbrot ist gar so gut.
Mama, gib mir Kuchen,
lass ihn mich versuchen!
Mama, gib mir eine Nuss,
dann bekommst du einen Kuss!

Heut', Mamachen, ist's ein Jahr,
als wir froh zusammensaßen
und, da dein Geburtstag war,
von dem großen Kuchen aßen.
Damals war ich noch sehr dumm,
konnt' nicht lesen und nicht schreiben.
Doch jetzt dreht das Blatt sich um,
immer dumm kann man nicht bleiben.
Nun, Mamachen, nimm zum Schluss
meinen schönsten Glückwunsch an

und dazu noch diesen Kuss,
weil ich sonst nichts geben kann.

Mandalas sind Kreisbilder, deren Ausmalen Ruhe und Gelassenheit bringen soll. Bücher mit Mandalas finden Sie in Buchhandlungen.

Mandalas malen

Auf ein Spielbrett (Schach, Go, Scrabble) werden verschiedene Gegenstände (Spielfiguren, Würfel, Kronkorken, Muggelsteine) gelegt, zuerst nur zwei oder drei, später sollten es mehr werden. Die Lage der Gegenstände auf dem Spielbrett muss man sich genau einprägen, dann wird es zugedeckt. Nun zeichnen alle Mitspieler auf einer vorher angefertigten Skizze des Brettes die Gegenstände ein. Als einfache Variante wird nur die Lage der Gegenstände angegeben, als schwierigere auch die Bezeichnung aufgeschrieben: Halmamännchen, roter Muggelstein …
   Man kann auch einen Lageplan mit weniger Kästchen erstellen.

Ordnungskim

Lesen Sie Ihrem Kind eine Geschichte, eine Beschreibung, ein Rezept o.Ä. vor. Stellen Sie dann Fragen zu dem Vorgelesenen. Vertauschen Sie auch einmal die Rollen.

Wissenskim

Bei einem Lied, dessen Text das Kind beherrscht, wird während des Singens ein vorher ausgemachtes Wort oder eine Wortart durch „bum" ersetzt.

Gesangsstunde

Man zählt abwechselnd bis 100. Bei einer vorher bestimmten Zahl, z.B. 3, sagt man statt der Zahl „pst", ebenso bei einem Vielfachen von 3 (6, 9, 12 …) oder bei einer Zahl, in der eine 3 enthalten ist (13, 23 …).

1 x 1

Konzentrationsübungen für den Körper
– Eine Hand klopft auf den Tisch, die andere bewegt sich in Wellenbewegungen oder Kreisbewegungen in der Luft,
– eine Hand zeichnet ein Dreieck, die andere ein Viereck auf den Tisch.
– Mit beiden Händen wird ein Dreieck auf den Tisch gezeichnet,

Unabhängiges Bewegen der Hände

eine Hand beginnt an der rechten, die andere an der linken Ecke des Dreiecks, beide bewegen sich in derselben Richtung (im oder gegen den Uhrzeigersinn).

– Die rechte Hand klopft einen Einer-, die linke einen Zweierrhythmus.

Unabhängiges Bewegen der Beine

– Die Beine vollführen gegenläufige Kreisbewegungen, ein Bein macht Kreisbewegungen, das andere wippt auf und ab.

Unabhängiges Bewegen der Füße

– Ein Fuß klopft auf den Boden, der andere bewegt sich in Wellenbewegungen oder Kreisbewegungen in der Luft.

– Ein Fuß zeichnet ein Dreieck, der andere ein Viereck auf den Boden.

– Mit beiden Füßen wird ein Dreieck auf den Boden gezeichnet, ein Fuß beginnt an der rechten, der andere an der linken Ecke des Dreiecks.

– Beide Füße bewegen sich in derselben Richtung (im oder gegen den Uhrzeigersinn).

Pferderennen

Bei diesem Spiel wird ein Pferderennen nachgespielt: Die Mitspieler sitzen im Kreis, sie schlagen sich im Rhythmus eines Pferdetrabs auf die Oberschenkel und singen dabei: Tarab, tarab, tarab … Klatschen und Sprechgesang werden während des gesamten Spiels beibehalten. Der Spielleiter gibt zwischendurch Anweisungen, was die „Pferde" auf der Rennbahn zu tun haben:

Linkskurve: Alle legen sich nach links.

Rechtskurve: Alle legen sich nach rechts.

Sprung: Alle springen hoch und deuten mit vorwärts gereckten Armen eine Sprungbewegung an.

Doppelsprung: Die Bewegungen vom Sprung werden zweimal hintereinander ausgeführt.

Dreifachsprung: Die Bewegungen vom „Sprung" werden dreimal hintereinander ausgeführt.

Wassergraben: Alle ahmen Wasserplatschen nach.

Hufeisen verloren: Alle rufen „klonk".

Zuschauer: Alle klatschen.

Endspurt: Alle klatschen sich so schnell wie möglich auf die Oberschenkel.

Sieg: Alle springen auf und reißen dabei die Arme hoch.

Man kann sich noch weitere Bewegungen und Geräusche ausdenken.

Je mehr Mitspieler, desto lustiger wird das Pferderennen.

Die Mitspieler sitzen am Tisch und trommeln mit den Zeigefingern auf die Tischplatte. Einer ruft: „Alle ... fliegen hoch." Kann der Gegenstand/Lebewesen fliegen, müssen die Arme in die Luft gehoben werden. Kann er/es nicht, bleiben die Finger unten. Wenn ein Spieler trotzdem die Arme hebt, ist er an der Reihe.

Varianten: Alle ... laufen weg, alle ... können schwimmen, alle ... rollen sich.

Alle Vögel fliegen hoch

Nehmen Sie ein großes Blatt Papier und Buntstifte. Sagen Sie zu Ihrem Kind: „Schließ die Augen, stell dir vor, du bist ein Rosenstrauch! Nun mal dich einmal als Rosenstrauch."

Andere Fantasiebilder sind ein Apfelbaum, ein Tier ...

Fantasiemalen

Entspannungsübungen

Bauen Sie in die tägliche Übungszeit immer wieder kurze Entspannungspausen ein. Entspannt lässt sich leichter lernen.

Man atmet tief ein und, ohne den Atem anzuhalten, in einer Bewegung wieder aus. Jetzt hält man den Atem an, solange es angenehm ist. Diese Übung wiederholt man mehrere Male.

Spontanentspannungstechnik

Übungen zur Stille

Still zu werden ist in unserer hektischen Zeit gar nicht so einfach. Nicht nur Erwachsenen fällt es schwer, ganz ruhig zu werden und mit geschlossenen Augen in sich hineinzuhören. Auch Kinder müssen es häufig erst lernen, still zu werden. Die erste Übung besteht einfach nur darin, dem Kind zu sagen: „Leg deine Hände in den Schoß oder auf den Tisch, schließ deine Augen, horch in dich hinein." Die erste Horchübung sollte nur sehr kurz sein, um das Kind nicht zu überfordern. Nach dem Öffnen der Augen erzählt es alles, was es in der Stille gehört hat. Diese Stilleübungen kann man kontinuierlich verlängern.

Wenn das Kind es nicht schafft, die Augen zu schließen, weil es zu beunruhigend ist, nichts zu sehen, kann es auch auf eine Stelle an der Wand oder auf dem Fußboden blicken. Mit der Zeit wird es sich trauen, die Augen zu schließen.

Um die im Kopf herumschwirrenden Gedanken loszulassen, kann man sie „in einen Luftballon stecken, ihn zuknoten und wegfliegen lassen".

Fantasiereisen

Wecken Sie die Fantasie Ihres Kindes – und Ihre eigene!

Schicken Sie Ihr Kind auf eine Fantasiereise: Es soll sich bequem hinsetzen oder auf den Rücken legen und die Augen schließen. Sprechen Sie mit ruhiger Stimme, machen Sie nach jedem Satz eine Pause: „Du liegst auf einer Wiese. Die Sonne scheint. Sie erwärmt deinen Körper. Du riechst frisch gemähtes Gras. Du hörst einen Vogel zwitschern. Sei ganz ruhig. So, jetzt musst du wieder nach Hause gehen. Du reckst dich und streckst dich, schüttelst deine Hände aus, machst die Augen auf und bist wieder ganz wach."

Sie können die Übung beliebig erweitern: Eine Hummel summt, die Blüten duften, ein Reh tritt auf die Wiese usw. Achten Sie darauf, dass Sie Ihr Kind langsam aus der Fantasiewelt zurückholen, lassen Sie es seine Erlebnisse erzählen und/oder aufmalen.

Ein anderer Vorschlag für eine Fantasiereise:

„Stell dir vor, du liegst auf dem Deck eines Zauberschiffes. Die Sonne scheint. Sie erwärmt deinen Körper. Das Schiff schaukelt sanft auf den Wellen. Ganz langsam, ganz leise sinkt das Schiff in die Tiefe des Meeres. Du siehst einen grünen Algenteppich. Bunte Fische schwimmen um das Schiff herum. Seesterne sitzen auf einem Korallenriff. Die Sonne scheint durch das Wasser, lässt es sanft schimmern. Langsam taucht das Schiff wieder auf. Die Sonne geht unter.

Du reckst dich und streckst dich, machst die Augen auf, schüttelst deine Hände aus und bist wieder ganz wach."

Auch diese Geschichte können Sie beliebig erweitern.

Progressive Muskelentspannung (nach Jacobson)

Zu dieser Übung legt sich das Kind auf den Rücken oder setzt sich ganz entspannt hin. Sprechen Sie mit gleichmäßiger, ruhiger Stimme. Nach jeder Anspannung, die fünf Sekunden gehalten werden sollte, muss eine Entspannung folgen:

Anspannung und Entspannung müssen ausgewogen sein.

– „Ball ganz fest die Fäuste. Zähl bis fünf. Lass die Anspannung langsam los. Genieß das Gefühl der Entspannung.
– Jetzt spann die Oberarmmuskeln ganz fest an. Beug dabei die Unterarme, als wenn du mit jemanden Armdrücken machst. Wieder bis fünf zählen, entspannen.
– Nun spann die Unterarmmuskeln an, drück die Unterarme ganz fest auf den Boden oder die Armlehne. Bis fünf zählen, entspannen.
– Runzle die Stirn, öffne ganz weit die Augen.
– Nun schau ganz grimmig, als wenn du in eine Zitrone gebissen hättest.
– Drück den Nacken ganz fest auf den Boden.
– Atme so tief ein, bis der Brustkorb sich wölbt. Bleib in dieser Haltung und atme flach weiter. Dann lass den Brustkorb zusammenfallen und entspann dich wieder. Atme normal weiter.
– Drück den Bauch heraus, ganz weit, so dass eine richtige Kugel entsteht. Bleib eine Weile in dieser Haltung, atme normal weiter.
– Zieh den Bauch ganz fest ein.
– Mach ein Hohlkreuz.
– Spann die Pobacken ganz fest an.
– Zieh die Beine an. Spann die Oberschenkel ganz fest an.
– Spann die Unterschenkel an. Drück dabei die Fersen (im Sitzen die Füße) ganz fest auf den Boden.
– Bleib noch einen Moment liegen und genieß die Ruhe. Denk an etwas Schönes, etwas, was du besonders magst."
Dann kehrt das Kind langsam in die Realität zurück.

Atemfühlen

Anstelle einer Entspannungsübung kann man auch einen Apfel essen.

Sprechen Sie ruhig und langsam zu Ihrem Kind:

„Setz dich entspannt auf einen Stuhl. Die Hände legst du so in den Schoß, dass sich alle Fingerspitzen berühren. Die Handinnenflächen bilden dabei einen Hohlraum, wie wenn sie einen kleinen Ball umschließen würden. Schau auf deine Hände. Der Atem fließt ruhig und entspannt durch die Nase und wird im Tempo von dir nicht beeinflusst. Beim Einatmen wölbt sich dein Bauch leicht nach außen, beim Einatmen zieht er sich leicht zusammen. Halte deine Bauchmuskulatur locker. Konzentriere deine Gedanken nun auf das Gefühl in deinen Fingerspitzen. Spür deine Finger. Nimm wahr, welcher Finger welchen berührt. Lass dir dafür ruhig ein bis zwei Minuten Zeit. Geh dann mit deinem Blick und deiner Aufmerksamkeit auf deinen Bauch. Sieh dir zuerst an, wie der Atem den Bauch nach vorne und hinten wölbt. Folg dann dem Atem bewusst, ohne ihn zu beeinflussen. Erspür ihn im Inneren des Bauches. Wenn du mit deinem eigenen Atemrhythmus eins geworden bist, richte deine Aufmerksamkeit wieder auf deine Fingerspitzen. Verweile auch hier wieder einige Minuten, bevor du deine Aufmerksamkeit wieder auf den Bauch richtest und dem Atem nachspürst. Beende die Übung mit einem tiefen Durchatmen."

Lehrgänge und Computerprogramme

Lese- und Rechtschreiblehrgänge können, regelmäßig angewandt, die spielerischen Übungen sinnvoll ergänzen. Viele Kinder arbeiten sehr gerne am Computer – auch hierfür gibt es geeignete Lernprogramme.

Lese- und Rechtschreiblehrgänge

Wichtig ist es, regelmäßig vier- bis fünfmal wöchentlich jeweils 15 bis 20 Minuten lang zu üben.

Die drei im Folgenden beschriebenen Lehrgänge sind sowohl für den Einsatz in der Schule als auch für das häusliche Üben geeignet. Wenn man sie zu Hause benutzen möchte, sollte man sich vorher von einem Lehrer oder Therapeuten beraten lassen. Die Lehrgänge sind in einzelne Übungsabschnitte unterteilt, die man den eigenen Ansprüchen gemäß untergliedern kann.

Kieler Leseaufbau
Dr. Lisa Dummer-Smoch und Renate Hackethal

Ein bewährter Leselehrgang!

Der Kieler Leseaufbau ist ein Leselehrgang für Grundschulkinder, der in kleinen Schritten den Leselernprozess fördert. Als Übungsmaterial gibt es Wörterlisten mit je 30–50 Wörtern, Silbenteppiche, 500 farblich sortierte Wortkarten und Spiele wie Wörter-Memory, Silben-Memory, Quartette. Konsonanten und Vokale werden stufenweise eingeführt, zuerst die leicht zu unterscheidenden Laute, dann die kurzen Konsonanten und zum Schluss die übrigen Laute. Alle zu übenden Wörter sind lautgetreu und haben nie mehr als zwei aufeinander folgende Konsonanten. Unterstützt wird das Lesenlernen durch den Einsatz von Lautgebärden (Fingerzeichen für jeden Buchstaben), die leicht erlernbar sind und besonders dann eingesetzt werden, wenn ein Wort dem Kind schwierig erscheint.

Zehn Schritte zur Rechtschreibung
Renate Hackethal

In diesem Buch werden 10 Übungseinheiten ausführlich dargestellt. An jeder Einheit sollte ein bis zwei Wochen gearbeitet werden. Besonders viel Wert wird auf ein intensives Silbentraining gelegt, da Schüler, die die Technik des silbenweisen Aufschreibens gelernt haben, erwiesenermaßen erheblich weniger Fehler machen. Durch tägliche Übungen soll diese Technik so weit automatisiert werden, dass die Kinder diese Art zu schreiben auch beim freien Schreiben (Aufsätze) anwenden können. Zu jeder Unterrichtseinheit gehören Lieder, Verse und Spiele.

Lautgetreue Rechtschreibförderung
Carola Reuter-Liehr
In diesem Lehrgang wird das lautgetreue Schreiben gelehrt. Viel Wert wird dabei auf die Methode des synchronen rhythmischen Sprechschreibens gelegt: Alle Wörter werden in Silben untergliedert und zwar durch silbengliederndes Sprechen, durch Silbenbögen unter den geschriebenen Wörtern und – das ist hier das Besondere – durch Seitwärts-Schreiten mit begleitenden Armschwüngen. Auf diese Weise ergibt sich eine ganzheitliche Förderung von Sprechen, Lesen und Schreiben.

Ein sehr durchdachtes Konzept!

Die „Lauttreuen Materialien", die in erster Linie für den Einsatz an Schulen konzipiert sind, beinhalten 20 Stundenabläufe zu je 90 Minuten für den Förderunterricht und 40 Stundenabläufe für den vertieften LRS-Unterricht. Sie können ab der 4. Klasse, besser jedoch erst ab der 5. Klasse eingesetzt werden. Beim Einsatz zu Hause können die Stunden in kleinere Einheiten untergliedert werden. Sie enthalten Kopiervorlagen von Lese- und Diktattexten, Rechtschreibübungen und Hausaufgaben, außerdem Bilder-, Buchstaben- und Wortkarten, Fehleranalysebogen und Rechtschreibspiele.

Computerprogramme für Kinder

Computer-Lernprogramme sind für Kinder mit Lese-Rechtschreibschwierigkeiten durchaus geeignet. Allerdings sollten Eltern über Inhalte und Aufbau eines Programms gründlich informiert sein.

Computerunterstütztes Lernen
Auch rechtschreibschwache Kinder wollen sich schriftlich mitteilen, sie empfinden die Orthografie aber bald als unüberwindliche Barriere. Die Aneignung der Schriftsprache ist gescheitert, ihr Gebrauch ist bei diesen Kindern häufig angstbesetzt. Hier bietet der Computer die Möglichkeit, die Angstbarriere zu überwinden, die Motivation zu wecken und somit die Arbeitshaltung zu verbessern. Denn der Computer ist ganz anders als die Schreibwerkzeuge, die die Kinder bisher

Ein Computer verliert, im Gegensatz zu Eltern und Lehrern, niemals die Geduld.

kennen gelernt haben. Er ist für die meisten Kinder so faszinierend, dass sie bereit sind, damit zu arbeiten; auch wenn sie dabei lesen und schreiben müssen.

Viele Kinder mit Lese- und Rechtschreibschwierigkeiten haben motorische Probleme, ihr Schriftbild ist mehr oder weniger unleserlich. Auf dem Monitor dagegen erscheint es immer gut lesbar und strukturiert. Das Tastaturschreiben entlastet von der physischen Anstrengung des Schreibens mit dem Stift und ermöglicht, sich stärker auf den Inhalt zu konzentrieren.

Beim computerunterstützten Lernen zeigen die Kinder ein hohes Maß an Durchhaltevermögen und Ausdauer. Aufmerksamkeit und Konzentrationsfähigkeit werden wirkungsvoll unterstützt. Selbst (hyper-)aktive und konzentrationsschwache Kinder, die sich sonst keine drei Minuten auf eine Aufgabe konzentrieren können, bleiben gebannt am Computer sitzen und bearbeiten diszipliniert ihre Aufgaben. Dieses Verhalten zeigt sich auch bei Spielprogrammen. Man sollte es durch entsprechende Programmauswahl fördern: Geschicklichkeits- und Ratespiele, Memorys, Herstellung von Kreuzworträtseln, Quizspiele usw. Für ältere Kinder eignen sich auch die komplexen, oft sehr spannenden Simulationsspiele.

Kinder arbeiten auch gerne zu zweit oder dritt am Computer.

Wenn man Kinder, die zu zweit oder dritt an einer Tastatur arbeiten, beobachtet, kann man feststellen, dass sie sich intensiv und aufgabenbezogen unterhalten und gemeinsam nach Lösungswegen suchen. Viele Pädagogen berichten, dass Kinder gern zu zweit am Computer sitzen, auch wenn das Programm nur für eine Person konzipiert ist. Sie finden dann kreative Lösungen, um gemeinsam spielen zu können. Sie klicken bzw. schreiben abwechselnd oder teilen sich die Tastatur auf.

Besonders begrüßenswert ist es, wenn in der Schule bzw. in der Förderung und zu Hause dasselbe Programm benutzt werden kann. Sprechen Sie mit Lehrern und Förderfachleuten.

Sie dürfen Ihr Kind allerdings keineswegs an den Computer „abgeben", sondern müssen es auch hier begleiten; es sollte nur in Ausnahmefällen allein vor dem Monitor sitzen, um zu arbeiten. Ein großes Manko ist noch, dass heutige Computer zwar gut sprechen, aber nur bei wenigen, sehr teuren Programmen gut hören können. Bei einem Legastheniker muss jedoch ständig kontrolliert werden, ob er richtig liest und das Gelesene auch versteht und sich nicht etwa nur eine Buchstabenfolge einprägt, die er dann reproduziert, ohne die Bedeutung des Wortes erfasst zu haben.

> Man sollte sich immer darüber im Klaren sein, dass der Computer nur ein Lernmittel ist. Er darf nie als alleiniges Werkzeug eingesetzt werden, denn er ist keineswegs ein universelles Lernmedium. Richtig eingesetzt, können Computerprogramme den Legasthenie-Förderunterricht jedoch wirkungsvoll unterstützen.

Die Arbeit mit Lernprogrammen erfordert eine ausreichende Computererfahrung der Eltern und die Bereitschaft, sich in das gewählte Lernprogramm einzuarbeiten. Ein Lernprogramm, das keiner Begleitung bedarf, gibt es noch nicht. Bei vielen Programmen kann man den Schwierigkeitsgrad festlegen, eigene Wortdateien eingeben, Texte oder Lückentexte vorbereiten, Schriftgröße und -farbe festlegen. So können Eltern gezielt die Motivation und den Spaß am Lernen aufrecht halten. Die Übungszeit sollte 15–20 Minuten nicht überschreiten.

Computer können Lehrer nicht ersetzen und die Anstrengung des Lernens nicht beseitigen.

Vor dem Kauf eines Lernprogramms sollte man sich überlegen:
– Wobei und wie soll das Programm eingesetzt werden?
– Sind genügend Informationen über das Programm vorhanden?
– Welche Computerkenntnisse werden vorausgesetzt?
– Bietet der vorhandene Computer die nötigen Systemvoraussetzungen?

Orientieren Sie sich bei der Auswahl nicht an den Altersangaben des Verlags. Für Kinder mit Lese- und Rechtschreibproblemen sollten Sie Computerprogramme erst ein bis zwei Jahre später als empfohlen einsetzen.

Ungeeignete Computerprogramme können großen Frust hervorrufen.

Wenn Sie sich beim Kauf eines Programms nicht sicher sind, fragen Sie den Buchhändler, ob er Ihnen die Möglichkeit geben kann, das Programm anzuschauen. Immer mehr Buchhandlungen bieten diesen Service an. Auch in Büchereien kann man Lernprogramme ausleihen.

Programmübersicht: Lernprogramme

Die Lernprogramme aus dem Eugen Traeger Lernsoftware Verlag haben sich in der Legasthenie-Arbeit sehr bewährt. Sie sind didaktisch gut aufbereitet; die Grafik ist einfach und übersichtlich strukturiert, das Lernziel wird nie aus den Augen verloren. Es gibt nur wenig Animation und keine Spiele zur Belohnung.

Universelles Worttraining, Traeger, ab 3. Klasse einsetzbar

Dieses Programm ist zur gezielten Bearbeitung von Fehlerschwerpunkten geeignet. Es enthält sieben Unterprogramme, u. a.:

- Blitzwort = Aufmerksamkeits- und Worterfassungstraining: Ein Wort erscheint nur ganz kurz, muss dabei gelesen und dann aus dem Gedächtnis nachgeschrieben werden.
- Fehlbuchstabe: Ein fehlender Buchstabe muss eingesetzt werden, was sich zum Üben spezifischer Fehlerschwerpunkte wie d-t oder g-k eignet.
- Tachograf = Steigerung des Unterprogramms Blitzwort: Ein Wort erscheint nur so kurz (Dauer einstellbar), dass es nicht mehr Buchstabe für Buchstabe erlesen werden kann; dabei wird die ganzheitliche Erfassung von Wörtern trainiert.
- Spiegelschrift: Ein Wort erscheint in umgedrehter Reihenfolge der Buchstaben, die selber aber nicht gespiegelt sind (MUAB). Jeder Buchstabe muss einzeln erlesen und in der richtigen Reihenfolge zu einem Wort zusammengesetzt werden (BAUM). Das Unterprogramm hilft bei visuellen Laterationsschwierigkeiten, ist aber problematisch für Linkshänder, die gerne von rechts nach links lesen. Diese Leserichtung darf nicht unterstützt werden.

Eigene Wortdateien können (z. B. nach Schulbuch oder Therapieerfordernissen) mit Hilfe eines Editors sehr einfach erstellt werden. Die Optionen (Schriftgröße und -art, Farbe, Darbietungsgeschwindigkeit, Wörterrahmen) erlauben eine individuelle Anpassung an Bedürfnisse und Leistungsstand des Kindes. Falsch geschriebene Wörter können in eine Fehlerdatei aufgenommen und somit ganz gezielt geübt werden.

Wortbaustelle, Traeger, ab 3. Klasse einsetzbar
Dieses Programm enthält elf Unterprogramme zur Bearbeitung von Silben, Morphemen, Signalgruppen und Wortbausteinen.
– Wortvergleich: Sind zwei kurz eingeblendete Wörter identisch?
– Vorsilben und Endungen: Zu einem vorgegebenen Wort(baustein) müssen aus mehreren Möglichkeiten die passenden Vorsilben bzw. Endungen ausgewählt werden.
– Silben ordnen
– Wörter in Silben zerlegen
Auch in diesem Programm ist der Editor leicht zu bedienen. Er gestattet ausreichende Einflussnahme auf den Programmablauf.

Budenberg Lernsoftware, ab 1. Klasse einsetzbar
Es handelt sich um ein Rundum-Paket: Je Klassenstufe sind 10–16 Programme zu den Bereichen Lesen, Schreiben (Förderung von Silbenlesen, Buchstaben differenzieren, Satzkonstruktion), Rechnen, Erdkunde und außerdem Rätsel, Spiele usw. enthalten.

Sofortige Leistungsbestätigung ist auch beim Arbeiten mit dem Computer notwendig.

Die Budenberg Lernspiele wurden zwar für den Förderunterricht an Sonderschulen konzipiert, sind aber während der gesamten Grundschulzeit einsetzbar, um auch grundlegende Probleme anzugehen. Motivation, Anschauung, sofortige Leistungsbestätigung stehen im Vordergrund. Die Aufteilung des Programms in viele kleine, didaktisch gut aufgebaute Übungsgruppen lässt eine dem Leistungsstand des Kindes angepasste Strukturierung des Lernstoffs zu. Diese klaren, zeitlich begrenzten, unterhaltsamen Übungseinheiten sind für Kinder sehr ansprechend.

Gut 1, Computer und Lernen, ab 2. Klasse einsetzbar
Das Programm simuliert eine Lernkartei im Computer. Es spielt im Urwald, fünf Kängurus dienen als Karteikasten.

Eine ansprechende Grafik erhöht die Arbeitsbereitschaft.

Die Übungseinheiten sind folgendermaßen aufgebaut: Ein Satz wird eingeblendet, z. B.: Der Affe klettert auf einen Baum. Nach dem Lesen wird ein Wort davon ausgeblendet (Affe), das dann geschrieben werden muss. Dabei sind drei Hilfestufen möglich:

1. ohne Hilfe,
2. das Wort wird noch einmal eingeblendet und verschwindet dann wieder,
3. das Wort bleibt stehen und kann abgeschrieben werden.

Richtig geschriebene Wörter kommen in den Beutel des ersten Kängurus, nach zweimaliger Wiederholung, wobei das Wort jeweils in den nächsten Beutel wandert, in eine Schatzkiste, falsch geschriebene zurück in den Beutel des ersten Kängurus und erst nach viermaliger Wiederholung in die Schatzkiste. Mit dem erworbenen Schatz kann der Schüler ein Baumhaus einrichten, Urkunden, Poster und Bastelbogen drucken. Im Lernprotokoll werden gewählter Wortschatz, Hilfestufe, Datum, Zeit, Anzahl richtiger Schreibungen und Gesamtzahl der Schreibungen festgehalten.

Die enthaltenen Wortschätze beinhalten die wichtigsten Wörter unserer Sprache, schwierige Wörter, Lautverbindungen, fehlerträchtige Konsonantenfolgen, Groß- und Kleinschreibung u. a. Gleichzeitig wird ein Transfer angestrebt durch Übertragung der Wortstämme und Anwendung grundlegender Regeln.

Die Mischung von Arbeit und Spiel ist ausgewogen; die Anreize, die Schatzkammer zu füllen und sich daraus zu bedienen, sind hoch. Die Grafik ist ansprechend und fantasievoll gestaltet (auch wenn Kängurus selten im Urwald anzutreffen sind, aber ihr Beutel eignet sich nun einmal gut als Karteikasten). Leider können keine eigenen Wortdateien eingegeben werden.

Ich lerne lesen 1 und 2, DUDEN, ab 1. Klasse einsetzbar

Eisbär und Pinguin führen animierend durch die Programme, die eigentlich für die Vorschulzeit konzipiert sind.

Ich lerne lesen 1: Das übergreifende Thema ist, den Umgang mit Lauten und Buchstaben zu erlernen. Das Programm enthält vier Spiele zur Einführung in das ABC, zur Beziehung von Lauten und Buchstaben, zum Erkennen von Wörtern aus dem Zusammenhang, zum Benennen und Ordnen von Buchstaben.

Ich lerne lesen 2: Hier steht das Lesenlernen im Vordergrund. Es enthält vier Spiele zur Vermittlung erster Lesestrategien, zur Beziehung von Lauten und Buchstaben, zum Erkennen und Zuordnen von Wörtern und Buchstaben, zum Bauen einfacher Sätze.

Die Übungen beider Programme haben je drei Schwierigkeitsgrade, als Belohnung gibt es Aufkleber für ein Stickerbuch, außerdem können Arbeitsblätter, Einladungskarten, Briefpapier u.Ä. gedruckt werden.

Sie sind sehr gut sprachlich kommentiert, die Rückmeldungen und Tipps des Eisbären ermutigen und lassen Fehler als nicht dramatisch erscheinen; manchmal wirkt die Animation etwas aufdringlich. Die Programme sind während der gesamten Grundschulzeit einsetzbar. Eigenes Wortmaterial kann nicht eingegeben werden.

Lese- und Rechtschreibmeister, Auer, ab 2. Klasse

Dieses Programm enthält fünf Übungen (Silbenrätsel, Buchstaben-Salat, Geheimschrift, Lückentext, Diktat) auf Wort- und Satzbasis und außerdem zwei Spiele (Glücksrad und Buchstaben-Tetris), die nach erfolgten Übungen gespielt werden können. Die sehr differenzierten Protokolle erlauben eine genaue Analyse der Fehlerarten. Die Eingabe eigener Wörterlisten und Textdateien, auch schwerpunktmäßig, ist einfach.

Edutainment-Programme

Edutainment ist das Wort der Stunde, zusammengesetzt aus Education (Erziehung) und Entertainment (Unterhaltung).

Diese Programme sind nicht für eine gezielte Förderung geeignet, da sie nicht modifizierbar sind und zu viel Spielanteil auf Kosten des Lerneffektes haben. Sie können aber zu Hause eingesetzt werden, um das Selbstbewusstsein zu stärken, Ängste abzubauen und ein bisschen Spaß bei dem Umgang mit Buchstaben, Wörtern und Zahlen zu bringen. In der Computerwelt mit ihren eigenen Gesetzen traut sich das Kind plötzlich Dinge zu, vor denen es sonst zurückschreckt.

119

Meisterdetektive jagen Lork, Cornelsen

Rechtschreibkrimi: Texte entziffern und reparieren, Berichte schreiben und auswerten, Rechtschreibschwierigkeiten der 3. und 4. Klasse.

Fürst Marigor und die Tobis, Cornelsen

Worträtsel (mehrere 100 Wörter), kleine Rechenaufgaben, Allgemeinwissen, Problemlösen, Wahrnehmung.

Spielend lernen

Computerspiele können die visuelle und auditive Wahrnehmung und die Logik fördern. Man muss sie aber mit Bedacht auswählen: (dreidimensionales) Tetris, Mahjongg, Sokoban (Übung der Lateralität), Memorys (Soundmemory). Erwähnt werden sollen auch die so genannten Simulationsspiele, die strategisches und planerisches Handeln erfordern, zwar kein Lesen lehren, aber aufgrund ihres Kontextes zum Lesen animieren. Dazu gehören u. a. Simcity (Maxis/Electronic Arts), Die Siedler (BlueByte), Anno 1602 (Sunflowers).

Anhang

Weiterführende Literatur

Zu Teil I des Buches:
Defersdorf, R.: Drück mich mal ganz fest – Geschichte und Therapie eines wahrnehmungsgestörten Kindes. Herder, 2000

Keilmann, A.: Kann mein Kind richtig hören? Urania-Ravensburger, 2000

Schwark, R.: Stichwort Legasthenie. Heyne, 1999

Schwarz, M.: Rechenschwäche? Wie Eltern helfen können. Urania-Ravensburger, 1999

Vester, F.: Denken, Lernen, Vergessen. dtv, 1978

Englischhilfen:
Kremer, U.: Englischlernen mal ganz anders! Ein individuell gestaltbares Übungsprogramm (Kl. 5 – 7) nicht nur für Legastheniker. Bezug: U. Kremer, Fehmarnwinkel 17, 24107 Kiel

Paulsen / Atzesberger: Hilfen beim Englischlernen. Bezug durch Landesverband Legasthenie Schleswig-Holstein, Barkauer Str. 29, 24220 Schönhorst

Broschüren:
Bundesverband Legasthenie (Hrsg.), Königstr. 32, 30175 Hannover:
– Unser Kind lernt lesen – lernt es lesen?
– Legasthenie – Schulische und außerschulische Förderung
– Legasthenie – Probleme im Fremdsprachenunterricht
– Merkblatt für Finanzierung von ambulanten und stationären Legas-

thenie-Fachbehandlungen im Rahmen der gesetzlichen Krankenver-
sicherung oder Jugendhilfe

Ministerium für Kultus, Jugend und Sport Baden-Württemberg (Hrsg.),
Schlossplatz 4 (Neues Schloss), 70173 Stuttgart:
- LRS – Schwierigkeiten im Lesen und/oder Rechtschreiben. Ein The-
ma auch in weiterführenden Schularten

Ministerium für Bildung, Wissenschaft und Kultur des Landes Meck-
lenburg-Vorpommern (Hrsg.):
- Hilfe zur Selbsthilfe (1996)
- Forschungsgruppe „Frühförderung 1993 bis 1998" (1998)
- Schulversuch „LRS-Intensivförderung 1995 bis 1999" (1999)

Teil II des Buches:

Ackermann, L. / Urfer, R. / Müller, B. / Jost, D. (Hrsg.): Sinn-Sala-
bim, Tasten – Hören – Sehen: Erfahrungsspiele für Kinder. Verlag
an der Ruhr, 1993

Arenhövel, F. / Ringbeck, B. (Hrsg.): Fördern macht Spaß. Auer, 1995

Arenhövel, F.: Computereinsatz in der Grundschule. Auer, 1994

Bartl, G. / Roßmanith, J. / Steinleitner, U.: Rechtschreiblehrgang
für die 3. und 4. Jahrgangsstufe. Auer, 1980

Boßbach, C. / May, H. / Güthoff, A.: Die schönsten neuen Kinder-
reime. Weltbild, 1998

Brand, I. / Breitenbach, E. / Maisel, V.: Integrationsstörungen. edition
bentheim, 1995

Dummer-Smoch, L. / Hackethal, R.: Kieler Leseaufbau. Veris Verlag, 1988

Dummer-Smoch, L.: Mit Phantasie und Fehlerpflaster. Ernst Reinhardt,
1989

Dürre, R.: Legasthenie – Das Trainingsprogramm für Ihr Kind. Herder spektrum, 2000

Eberlein, G.: Autogenes Training mit Kindern. Econ, 1986

Firnhaber, M.: Legasthenie und andere Wahrnehmungsstörungen. Fischer, 1996

Glöckel, H.: Schreiben lernen, Schreiben lehren. Auer, 1976

Grimm, H.: ABC mit allen Sinnen. Lichtenau, 1995

Hackethal, R.: Zehn Schritte zur Rechtschreibung. Megalopolis-Verlag, 1995

Kephart, N. C.: Das lernbehinderte Kind im Unterricht. Ernst Reinhardt, 1977

Klein, J.: Spiele zur ganzheitlichen Lernförderung. Hamburg, 1995

Konietzko, C.: Sing-, Kreis-, Finger- und Bewegungsspiele. Edition Schindele, 1995

Meier, C. / Richle, J.: Sinn-voll und alltäglich. Verlag modernes lernen, 2000

Meinerts, E.: Das ist der Daumen. Fingerspiele und Lieder für die Kleinsten. C. Bertelsmann, 1977

Milz, I.: Sprechen, Lesen, Schreiben. Edition Schindele, 1994

Pausewang, E.: Die Unzertrennlichen. Das Fingerspiele-Buch. Don Bosco, 1999

Peschka, A. / Hagemeister, B.: Mein Kind ist Legastheniker. Schnetz-tor-Verlag, 1986

Pfeiffer, G.: Lesetraining, Sinnerfassendes Lesen, Konzentration, Reflexion, 3. Schuljahr. Niederzier, 1993

Portmann, R. / Schneider, E.: Mit Sprache spielen. Don Bosco, 1997

Portmann, R. / Schneider, E.: Spiele zur Entspannung und Konzentration. Don Bosco, 1998

Raab, D.: Erstes Lesen: Übungen mit Buchstaben und Wörtern, 1. Klasse. Hamburg, 1999

Reuter-Liehr, C.: Lautgetreue Rechtschreibförderung. Verlag Dr. Dieter Winkler, 1992

Rinderer, H. / Thüler, U.: Spiele zur Sinnesförderung. Schubi Lehrmittel

Sommer-Stumpenhorst, N.: Lese- und Rechtschreibförderung, Heft 1, Laute heraushören, Laute zusammenfügen. Colli-Vertrieb, Warendorf, 1997

Sommer-Stumpenhorst, N.: Lese- und Rechtschreibförderung, Heft 3. Richtig Schreiben lernen Schritt für Schritt. Colli-Vertrieb, Warendorf, 1997

Wagner, R.: Formen schriftlichen Sprachgestaltens. Michael Prögel, 1982

Wulff, J. und H.: Der kleine Sprechmeister. Ernst Reinhardt, 1974

Hilfreiche Adressen

Bundesverband Legasthenie e. V. (BVL)
Königstr. 32
30175 Hannover
Tel.: 0511 / 318738
Fax: 0511 / 318739

Legasthenie-Liga Schleswig-Holstein
Rammseer Weg 25
24113 Molfsee
Tel.: 0431 / 6599905
Fax: 0431 / 6599907

Aktion Bildungsinformation (ABI)
Alte Poststr. 5
70173 Stuttgart
Tel.: 0711/299335
Fax: 0711/299330

Informationsstellen „Sekten und sektenähnliche Vereinigungen" der
Landesregierungen

Anbieter von Computerprogrammen

Auer, Postfach 1152, 86601 Donauwörth

Budenberg Lernsoftware, über: K. Emmig, An der Wielermaar 74, 51143 Köln

Computer und Lernen, Im Eichelgarten 49, 76530 Baden-Baden, Fax: 07221 / 271041, Internet www.comundlern.de

Cornelsen Software, Postfach 330109, 14171 Berlin

DUDEN Lernsoftware Mannheim, ISBN 3-411-70711-9 und 3-411-70721-9

Eugen Traeger Lernsoftware Verlag, Hoher Esch 52, 49504 Lotte, Tel./Fax: 05404 / 71858

Maxis/Electronic Arts, Pascalstr. 6, 52076 Aachen

Sunflowers, Ohmstr. 2, 63225 Langen

Ravensburger Ratgeber im Urania Verlag

Dr. Christine Kaniak-Urban
Katharina Schlamp
So fördere ich mein Kind
Mit Spaß und Erfolg
durch die Grundschule
In Zusammenarbeit mit dem
Deutschen Kinderschutzbund (DKSB)
160 Seiten – 25 s/w-Abbildungen
ISBN 3-332-01193-6

Cordula Neuhaus
Das hyperaktive Kind und seine Probleme
240 Seiten – 12 s/w-Abbildungen
ISBN 3-332-00872-2

Cordula Neuhaus
Hyperaktive Jugendliche und ihre
Probleme
Erwachsen werden mit ADS
Was Eltern tun können
288 Seiten – 13 s/w-Abbildungen
ISBN 3-332-01088-3

Ravensburger Ratgeber im Urania Verlag

Helmut Weyhreter
Konzentrationsschwäche
Wie Eltern helfen können
128 Seiten – zweifarbig mit 27 Abbildungen
ISBN 3-332-01090-5

Margret Schwarz
Rechenschwäche?
Wie Eltern helfen können
128 Seiten – 8 s/w-Abbildungen
ISBN 3-332-01239-8

Prof. Dr. C. Perleth
Dr. T. Schatz
M. Gast-Gampe
So fördere ich mein Kind
Die persönliche Begabung
entdecken und stärken
144 Seiten – 22 s/w-Abbildungen
ISBN 3-332-01030-1